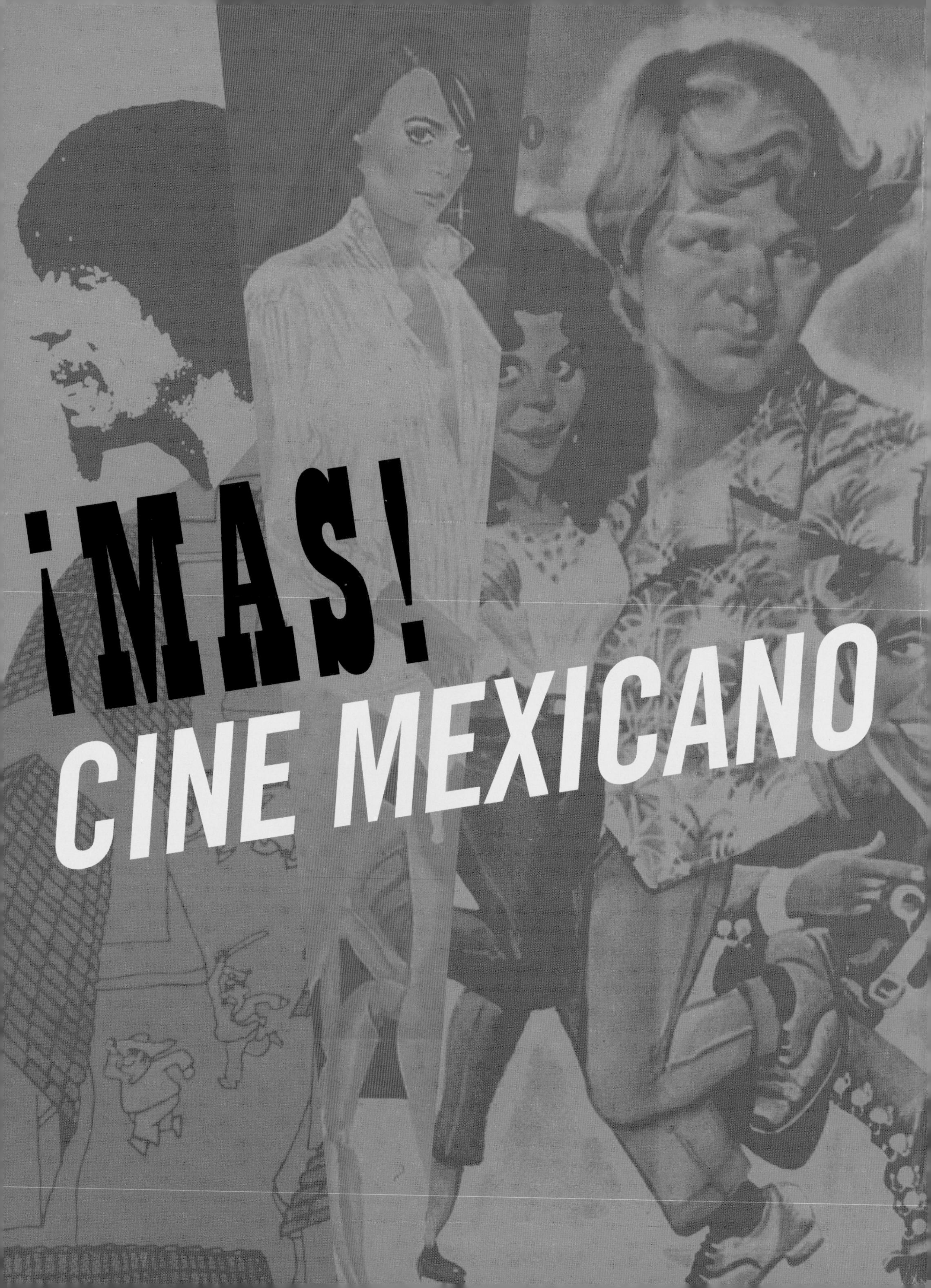
¡MAS!
CINE MEXICANO

Sensational Mexican Movie Posters 1957–1990
Carteles sensacionales del cine mexicano 1957–1990

ROGELIO AGRASÁNCHEZ JR.

CHRONICLE BOOKS
SAN FRANCISCO

Library of Congress Cataloging-in-Publication Data available.

ISBN-10: 0-8118-5449-3
ISBN-13: 978-0-8118-5449-8

Manufactured in China.

Designed by Zaldy Serrano

Agrasánchez Film Archive
www.mexfilmarchive.com

Distributed in Canada by Raincoast Books
9050 Shaughnessy Street
Vancouver, British Columbia V6P 6E5

10 9 8 7 6 5 4 3 2 1

Chronicle Books LLC
680 Second Street
San Francisco, California 94107
www.chroniclebooks.com

CONTINIDOS

CONTENTS

INTRODUCTION

As a college student, I first learned to love Mexican cinema through its spectacularly eye-catching posters. I was stirred by the wild emotions and action they captured: joy and anguish and fear; laughing, singing, fighting, passionate kissing. Adding to the allure were the beautiful women featured on the posters, often surrounded by macho men or menacing villains. I was particularly fascinated by images from *el cine fantástico*: monsters, flying saucers, and creatures from beyond the grave. The posters gave me the merest hint of the movie's actual story—my imagination eagerly supplied the missing details. In some cases, my vision of the tale was better than the film itself.

INTRODUCCIÓN

Cuando estudiaba en la universidad, aprendí a apreciar el cine mexicano a través de sus llamativos y expectaculares carteles. Me conmovían por las emociones y acciones arrebatadas; palpitaban en ellos la risa, la pena y el temor, además de las canciones, las peleas y los besos apasionados. Las bellas mujeres que figuraban en los carteles aumentaban aún más su atractivo, rodeadas a menudo de machos o de avorazados villanos. Lo que más me fascinó fueron las imágenes del cine fantástico: monstruos, platillos voladores y criaturas del más allá. Los carteles me daban tan solo una pista sobre el argumento de la película, y mi imaginación proveía los detalles faltantes con verdadera audacia. En algunos casos, mi visión del argumento era mejor que la película misma.

My enthusiasm developed into a full-blown passion for collecting and preserving these images. I began retrieving the posters that so vividly captured the films—and were often cavalierly disposed of by distributors, theaters, and studios. Half of my home was soon given over to sheltering orphaned posters as well as other memorabilia and even films. From impulsive beginnings, this collection has grown to an archive of Mexican movie history that counts more than 1,400 films, 2,500 posters, 12,000 lobby cards, and 80,000 stills. Now I feel that Mexican popular culture is available to anyone who takes the time to view its cinema or simply gaze at the wide-ranging images of its colorful film advertising.

The warm reception given to my first volume of *Cine Mexicano*, covering the years 1936 to 1956 and with an introduction by Charles Ramírez Berg, has motivated me to tell more of the story with this new book. The era presented here (1957 to 1990) belongs to a more recent past, one that saw the Mexican film industry dodge one crisis after another, but the posters were colorful and thrilling throughout. I've selected posters and movies that, in keeping with the tenor of the era and of Mexican cinema at the time, celebrate the sensational. We find border melodramas, shadowy thrillers, rock 'n' roll youth rebellions, farces, social confrontations, and steamy adult features; the cast of heroes and villains includes gangsters, cops, macho studs, buffoons, fallen women, beautiful heroines, monsters, and masked wrestlers. The final section pays homage to the striking poster design of the seventies created by a group of distinguished artists.

Mi entusiasmo se convirtió en una intensa pasión por coleccionar y preservar estas imágenes. Comencé a rescatar los carteles que capturaban tan vívidamente las películas y que a menudo eran descartados con desdén por los distribuidores, los teatros y los estudios. La mitad de mi casa pronto llegó a ser un almacén improvisado para carteles huérfanos, así como una gran cantidad de otros materiales publicitarios e incluso películas. Nacida de un impulso, esta colección ha crecido hasta convertirse en un archivo de la historia del cine mexicano que cuenta con más de 1,400 películas, 2,500 carteles, 12,000 fotomontajes de publicidad y 80,000 fotogramas. Me parece ahora que la cultura popular mexicana está al alcance de cualquiera que se tome el trabajo de ver su cine o, simplemente, de echar una ojeada a la amplia gama de imágenes que ofrece su colorida publicidad impresa.

La cálida recepción que tuvo mi primer volumen de *Cine mexicano*, el cual abarca los años de 1936 a 1956, y que cuenta con una introducción de Charles Ramírez Berg, me ha motivado a seguir contando su historia con este nuevo libro. La era que aquí se presenta (de 1957 a 1990) pertenece a un pasado más reciente, que vio a la industria cinematográfica mexicana capear un temporal tras otro, pero los carteles nunca dejaron de ser llamativos y atrayentes. He seleccionado películas y carteles que, en armonía con el espíritu de la época y del cine mexicano de la misma, celebran lo sensacional. Así, encontramos melodramas de la frontera, sombrías películas de crímenes, la rebelde juventud del Rock 'n' roll, farsas, enfrentamientos sociales y picantes películas para adultos; el reparto de sus héroes y villanos abarca los gángsteres, los policías, los machos, los bufones, las mujeres de vida galante, las hermosas heroínas, los monstruos y los luchadores enmascarados. La última sección rinde homenaje al impactante diseño de carteles de los 1970s, realizados por un grupo de destacados artistas.

FILM PRODUCTION FROM 1957 TO 1990

Like most Mexican enterprises, the film industry was affected by the nation's rocky economy. Emerging from a major devaluation of the peso in 1954 and traversing the uncertainties of expanding development, the country had gained a surer economic footing by the time it hosted the Summer Olympics in 1968 and the soccer World Cup in 1970. Increased oil revenues contributed greatly to stabilizing the economy, but dependence on oil revenue, coupled with inflation and other problems, would lead to new financial crises in 1976 and 1982.

Although television was available to most households by the mid-sixties, the preferred family entertainment remained going to the movies. Nearly three thousand feature-length movies were produced in Mexico during the three decades examined here—a very active period in which filmmakers tackled a wide variety of themes. These movies were shown in hundreds of cities throughout Mexico and other Spanish-speaking countries. In time, they came to the United States to be shown in venues catering to Hispanics. More than six hundred U.S. theaters offered daily programs consisting of a Mexican movie complemented by a Hollywood production.

PRODUCCIÓN CINEMATO-GRÁFICA DE 1957 A 1990

Como la mayoría de las empresas mexicanas, la industria cinematográfica fue afectada por las dificultades de la economía mexicana. Al salir de una tremenda devaluación del peso en 1954, y al pasar por las incertidumbres del desarrollo en expansión, el país había ganado un estatus económico más estable hacia la época en que sirvió de sede a las Olimpiadas de Verano en 1968 y la Copa Mundial de fútbol en 1970. Las crecientes ganancias petroleras contribuyeron enormemente a la estabilización de la economía, pero la dependencia en esta industria, junto a la inflación y otros problemas, acabaron conduciendo a nuevas crisis financieras en 1976 y 1982.

Aunque la televisión estaba al alcance de la mayoría de las familias a mediados de los 1960, el entretenimiento familiar preferido siguió siendo ir al cine. Cerca de 3,000 películas de largometraje se produjeron en México durante las tres décadas aquí examinadas–un periodo muy activo en la realización cinematográfica, que abarcó una amplia variedad de temas. Estas películas fueron exhibidas en cientos de ciudades en el territorio mexicano y en otros países de habla española. En su momento, también llegaron a los Estados Unidos, donde fueron presentadas en teatros dedicados a públicos hispanos. Más de seiscientos teatros estadounidenses operaban con programas compuestos por una película mexicana como atracción principal, complementada con una producción hollywoodense.

By 1960, the Mexican film industry was well established, with several decades of experience under its belt. Its infrastructure could turn out a hundred films a year or more. Besides the prestigious Churubusco-Azteca studios (the largest film facility in Latin America), the capital of Mexico boasted two other motion picture centers: Estudios América, which specialized in short features and serials, and Estudios San Ángel Inn. Beyond the set stages lay unlimited film locations. Producers took advantage of the beautiful landscapes in the region and also traveled to Central and South America, the Caribbean, and the United States to shoot their stories.

To satisfy increasing public demand for entertainment, Mexican producers, writers, and directors gave free rein to their imagination during the sixties. Movies were still the traditional family outing and thus were tailored to the tastes of the populace. Domestic production burgeoned with dramas, comedies, westerns, and the highly popular horror films. Many stories were crafted specifically for the female portion of the audience, which reveled in tearjerkers like *Qué hacer con mis hijos* (*What to Do With My Children?*) or *La agonía de ser madre* (*The Agony of Being a Mother*). To compete with trendy Hollywood imports, the local industry also made films about teenagers gone wrong: *Sor Ye-Yé* (*Sister Ye-Ye*), *Juventud sin ley* (*Lawless Youth*), and *El mundo de las drogas* (*The World of Drugs*) are just a few.

Para 1960, la industria fílmica mexicana estaba bien establecida, gracias a varias décadas de experiencia. Su infraestructura era capaz de producir cien o más películas por año. Además de los prestigiosos estudios Churubusco-Azteca (los más grandes en Latinoamérica), la capital mexicana contaba con otros dos centros de producción: los Estudios América, especializados en cortos y cintas en episodios, y los Estudios San Ángel Inn. Aparte de los foros, se contaba con una ilimitada variedad de locaciones. Los productores aprovechaban no solamente los hermosos paisajes locales, sino que viajaban a Centro y Sudamérica, el Caribe y los Estados Unidos para rodar sus historias.

Buscando satisfacer a un público cada vez más ávido de entretenimiento, los productores, escritores y directores mexicanos dieron rienda suelta a su imaginación durante los 1960s. El cine era todavía la diversión familiar preferida y, por ello, incorporaba en forma constante los gustos del populacho. La producción local abundaba en dramas, comedias, *westerns* y las muy populares películas de horror. Un buen número de argumentos se dedicaban especialmente a la parte femenina del público, que se solazaba en filmes lacrimógenos como *¿Qué hacer con mis hijos?* o *La agonía de ser madre*. Para competir con las importaciones hollywoodenses en boga, la industria fílmica local también produjo cintas acerca de adolescentes en problemas: *Sor Ye-Yé*, *Juventud sin ley* y *El mundo de las drogas*, por mencionar sólo unas pocas.

Horror cinema reached a high point in the sixties with the rise of masked wrestlers who epitomized good versus evil, both in and out of the ring. A professional *lucha libre* idol who attained celebrity status—and never took off his mask—was Santo, the Silver Masked Man. First created as a comic-strip character, Santo was personified by Rodolfo Guzmán Huerta in the arena, in films, and at almost every public event including his own funeral in 1985. Other wrestlers followed in his footsteps: Blue Demon, Huracán Ramírez, and Mil Máscaras (whose name meant Thousand Masks) all mesmerized throngs of devoted fans. The horror-wrestling genre, in addition to displaying its stars' muscular might, offered some of the most extravagant monsters: *Las mujeres panteras* (*The Panther Women*), *Arañas infernales* (*Infernal Spiders*), *Las momias de Guanajuato* (*The Mummies of Guanajuato*), and so on. One that deeply stirred me was *La loba* (*The She-Wolf*). After seeing it at the tender age of ten, I remember only the film's last scene, when the she-wolf is gunned down. To the viewer's astonishment, the once menacing, furry creature slowly returns to her human form—the stunning naked body of actress Kitty de Hoyos.

People went to the movies first and foremost to see their favorite stars. Well-known singers like Luis Aguilar, Javier Solís, Lucha Villa, and Tony Aguilar were surefire box-office draws. Youngsters delighted in playful screen personalities such as Cantinflas, Resortes, Clavillazo, Piporro, and Tin Tan, as well as the comic duo Viruta y Capulina, who appeared regularly on television during the sixties and was a favorite of children my age. When the decade turned wild and go-go dancing invaded TV screens, a new collection of idols showed up in the movies. Recording artists Enrique Guzmán, César Costa, Alberto Vázquez, and their

El cine de horror alcanzó su clímax en los 1960s, gracias a la inclusión de luchadores enmascarados, quienes se convirtieron en el epítome del bien contra el mal, dentro y fuera del ring. El Santo, por ejemplo, fue un ídolo de la lucha libre profesional que nunca se quitó la máscara en público y llegó a ser una celebridad. Santo fue, antes que nada, un personaje de tira cómica, que después fue personificado por Rodolfo Guzmán Huerta en la arena, en películas y en toda clase de eventos públicos, incluido su propio funeral en 1985. Otros luchadores siguieron sus pasos: Blue Demon, Huracán Ramírez y Mil Máscaras; todos ellos con la capacidad de fascinar a multitudes de devotos admiradores. Aparte del poder de los músculos, el género de horror-lucha libre hacía gala de los más extravagantes monstruos: *Las mujeres panteras, Arañas infernales, Las momias de Guanajuato*, etc. Una cinta que me impactó profundamente fue *La loba*. La vi a la tierna edad de diez años y solamente recuerdo la última escena, en la que la mujer-lobo es abatida a tiros. Para sorpresa del espectador, esta amenazante criatura peluda retorna lentamente a su forma humana, revelando el perfecto cuerpo desnudo de la actriz Kitty de Hoyos.

El público acudía al cine atraído, más que nada, por sus estrellas favoritas. Los cantantes fueron siempre imanes de taquilla, como Luis Aguilar, Javier Solís, Lucha Villa y Tony Aguilar. Para los más jóvenes, la risa y la diversión se encarnaban en cómicos como Cantinflas, Resortes, Clavillazo, Piporro y Tin-Tan, así como el dúo cómico Viruta y Capulina, el cual aparecía en televisión regularmente durante los 1960s y era muy querido por los niños de mi edad. Cuando las modas se volvieron atrevidas y el baile a go-gó invadió las pantallas de televisión, una nueva ola de ídolos apareció en la pantalla cinematográfica. Artistas disqueros como Enrique Guzmán, César Costa y Alberto Vázquez, y sus contrapartes femeninas: Angélica María, Emily Cranz y

female counterparts Angélica María, Emily Cranz, and Julissa all sang in sixties comedies and melodramas. This kind of cinema avoided plots involving sex and drugs: it was an ideal world in which conflicts could always be solved in the name of family unity and social order. Only at the end of the decade did outright female nudity and overt violence appear onscreen. The censorship office classified these movies "For Adults Only," preventing minors from viewing the exploits of *Las pecadoras* (*The Sinners*), *Una mujer sin precio* (*A Priceless Woman*), *Las cautivas* (*Captive Women*), and the like.

The dawn of the seventies brought an extraordinary twist to my childhood passion for cinema: the dream factory of movies, complete with cameras, lights, and actors, invaded my home. In 1970, my father acquired a film production company that had gone bankrupt, and almost immediately he started churning out adventure movies. The masked wrestlers Santo, Blue Demon, and Mil Máscaras were brought to my backyard to battle mummies, rat people, and the occasional mad scientist. A few years later, my family migrated from Mexico to Texas with our small crew and proceeded to film more than a dozen projects. Some of these dealt with the issues typical of the border region—undocumented immigrants, minor mafias, crime. One of the most famous was *Mojados* (*Wetbacks*), starring bodybuilder Jorge Rivero. When it opened at the Gordon Theater in Houston in 1978, the picture broke all the records, grossing nearly $29,000 on a Sunday. Similar films such as *Las Braceras* (*Wetback Women*) quickly followed. Denouncing the mistreatment of illegal aliens and delving into their personal sorrows, the stories had wide appeal for spectators.

Julissa cantaban sus canciones en diversas comedias y melodramas de los 1960s. Este tipo de cine se las arreglaba para evadir argumentos con temas de sexo y drogas. Era un mundo ideal en que los conflictos aún podían resolverse en nombre de la unión familiar y del orden social. La total desnudez femenina y la violencia extrema aparecieron en la pantalla solamente al final de la década. La oficina de censura clasificaba dichas cintas como "Sólo para adultos", prohibiendo a los menores ver las aventuras de *Las pecadoras, Una mujer sin precio* y *Las cautivas*, entre otros títulos.

A principios de los 1970s, tuvo lugar un suceso único para mi pasión de infancia por el cine: la máquina de sueños del cine, con todo y cámaras, luces y actores, invadió mi casa. En 1970, mi padre compró una compañía productora de películas en quiebra y comenzó a filmar cintas de aventuras casi inmediatamente. Los luchadores enmascarados Santo, Blue Demon y Mil Máscaras fueron traídos al jardín de mi casa para luchar contra momias, hombres-rata y algún científico loco. Algunos años después, mi familia emigró de México a Texas, trayendo consigo un pequeño equipo de producción; con él, se realizaron más de una docena de proyectos. Algunos de los argumentos tenían que ver con los temas típicos de la frontera: inmigrantes indocumentados, mafias y crimen. Una de las cintas más famosas fue *Mojados*, con el fortachón Jorge Rivero en el papel estelar. En su estreno en Houston en 1978, en el Gordon Theatre, la película rompió todos los récords, con una entrada de casi $29,000 dólares en función dominical. Otras cintas, como *Las braceras*, se rodaron casi en seguida. Dado que sus argumentos denunciaban los maltratos sufridos por extranjeros ilegales, enfatizando sus desventuras, estas películas eran bien recibidas por los espectadores.

Texas became the preferred shooting location for several Mexican film companies during the seventies. Some of the most famous Spanish-speaking actors and actresses were brought to work there. Celebrity brothers Mario and Fernando Almada, for example, performed in a string of action-filled hits like *Gatilleros del Río Bravo* (*Triggermen of Rio Bravo*) and *357 Magnum*. Long lines of people were a common sight at theaters in both Mexico and the United States with each release featuring the Almada brothers or the "rebellious wetback" Miguel Ángel Rodríguez, star of *Mauro el mojado* (*Mauro the Wetback*). Directors like Arturo Martínez specialized in border themes. Martínez made a splash with the blockbuster *Contrabando y traición* (*Smuggling and Betrayal*), which paired Ana Luisa Peluffo and Valentín Trujillo in an entertaining story based on the folk song "Camelia la Texana."

Social customs and sensibilities underwent a radical shift in this period. Increasingly, violence and promiscuity were depicted in TV programs and motion pictures, a trend not only in Mexico but in numerous countries worldwide. Local stories like *Ratas del asfalto* (*Asphalt Rats*) or *Mil caminos tiene la muerte* (*Death Takes a Thousand Pathways*) displayed the evil and brutality of gangs, in the style of the U.S. classic *Born Losers*.

Vice and corruption permeated one of the favorite seventies genres: the *cine de ficheras*, or "nightclub-girl" movies, which dealt with nightlife, cabarets, and the criminal underworld. It had its roots in the *cine de cabareteras*, which had been very popular in the late 1940s for its tropical rhythms and gorgeous exotic dancers called *rumberas*. Cinematográfica Calderón, the production company that had sparked the

Durante los 1970s, varias compañías productoras mexicanas hicieron de Texas su locación favorita. Algunos de los actores y actrices más famosos de habla española hicieron películas allí. Los populares hermanos Mario y Fernando Almada, por ejemplo, aparecieron en una serie de cintas de gran acción, muy taquilleras, como *Gatilleros del Río Bravo* y *357 Magnum*. Era común ver largas filas de gente fuera de los teatros en México y en los Estados Unidos, esperando su turno para ver las últimas hazañas de los hermanos Almada o las del "mojado rebelde", Miguel Ángel Rodríguez, estrella de *Mauro el mojado*. Directores como Arturo Martínez pusieron mucha atención a los temas de la frontera. Martínez logró un gran éxito de taquilla con *Contrabando y traición*, una interesante historia basada en el corrido "Camelia la Texana", con Ana Luisa Peluffo y Valentín Trujillo en los papeles estelares.

Fue también en los 1970s que las costumbres y la sensibilidad de una buena parte de la sociedad cambiaron radicalmente. La violencia y la promiscuidad se presentaban en películas y en programas de televisión cada vez con más frecuencia. Esto no era un fenómeno local de México, sino una tendencia generalizada. Historias como *Ratas del asfalto* o *Mil caminos tiene la muerte* mostraban la maldad y la brutalidad de las pandillas, en el estilo del clásico estadounidense *Born Losers* (*Nacidos para perder*).

El vicio y la corrupción formaron parte de uno de los géneros favoritos de la década: el cine de ficheras (trabajadoras en centros nocturnos), que versaban específicamente sobre la vida nocturna, los cabarets y el bajo mundo. Este género tiene sus raíces en el cine de cabareteras, que fue muy popular al final de la década de los 1940s, principalmente por el atractivo de sus ritmos tropicales y la belleza de las bailarinas exóticas, llamadas rumberas. Cinematográfica Calderón, la compañía productora que prendió la mecha en aquel tiempo, fue la

cabaretera craze, revamped the genre—and tapped a gold mine. Calderón and other producers churned out movies replete with rough dialogue and female nudity, such as *Noches de cabaret* (*Cabaret Nights*), *Las del talón* (*Women of the Streets*), and *Zona roja* (*Red Zone*). The films' voluptuous performers—Lyn May, Irma Serrano, Sasha Montenegro—were enthroned as the epoch's sex symbols. To a movie industry in economic decline, the nightclub-girl formula was a lifesaver; these films, too, had audiences lined up at the box office. The commercial success enjoyed by a variety of genres convinced skeptics of Mexican cinema's renewed strength, a trend that would continue for over two decades. Mario Almada observed in 1988, "Despite what everyone thinks, there are more people watching our films today than during the Golden Age."

More serious Mexican cinema, too, after a long period of stagnation, saw a renaissance under a progressive government. With the presidency of Luis Echeverría (1970 to 1976) a new generation of filmmakers felt free to express their minds, and an avalanche of fresh ideas followed. A new wave of thoughtful movies explored the dark side of religion, politics, history, and sexual mores. The state furnished financing resources for the industry with the proviso that the funds be used for quality projects. In addition, the Mexican government coproduced films with individual filmmakers; *Raíces de sangre* (*Roots of Blood*), a film about garment workers directed by Salvador Treviño of El Paso, Texas, is just one example of this cooperation. Several of the period's movies competed at international festivals, including *Las fuerzas vivas* (*The Powers That Be*), and *Calzonzin Inspector* (*Inspector Calzonzin*), two satirical comedies about Mexican rural life. The posters advertising these movies are good examples of the creative genius in play during this era.

misma que renovó el género. Calderón y otros productores encontraron una mina de oro en una larga lista de películas ricas en lenguaje grosero y desnudez femenina, como *Noches de cabaret, Las del talón* y *Zona roja*. Las voluptuosas actrices de estas cintas, como Lyn May, Irma Serrano o Sasha Montenegro, fueron elevadas a la categoría de símbolos sexuales de la época. Cuando la situación se complicó para la industria cinematográfica, el cine de ficheras surgió como 'salvavidas'; estas cintas lograron que el público siguiera acudiendo a las taquillas. Estos éxitos comerciales lograron que los escépticos creyeran en la fuerza del cine mexicano una vez más, una moda que continuaría por más de dos décadas. El actor Mario Almada dijo públicamente en 1988: "Contra todas las opiniones, más gente está viendo nuestras películas hoy en día que durante la Época de Oro".

Luego de un largo periodo de estancamiento, el cine mexicano serio vio también una época de renacimiento, bajo la bandera de un gobierno progresista. La Presidencia de Luis Echeverría (1970-1976) dio la oportunidad a una nueva generación para expresarse, y una avalancha de ideas frescas se sucedió. Una nueva oleada de cintas inquietas exploró el lado oscuro de la religión, la política, la historia y la moral sexual. El Estado proveyó recursos financieros para la industria cinematográfica, con la condición de que fueran usados en la realización de proyectos de calidad; asimismo, el gobierno mexicano coprodujo películas con algunos particulares: *Raíces de sangre*, una película dirigida por Salvador Treviño de El Paso, Texas, y dedicada a los trabajadores textiles, es un ejemplo de este tipo de colaboración. Algunas de las cintas filmadas en ese periodo compitieron en festivales internacionales, incluyendo *Las fuerzas vivas* y *Calzonzin Inspector*, dos sátiras inspiradas en la vida rural mexicana. Los carteles creados para promover estas películas son un buen ejemplo del genio creativo de este periodo.

The surge in films appealing to the educated sector of society did not last long, unfortunately. A year after President Echeverría left office, the state-financed companies CONACINE and CONACITE began to lose momentum. A return to commercialism seemed the industry's only chance of survival. Most traditional producers resorted to making low-budget movies geared toward the tastes of the masses. But even in such cases, the stories brought to the screen were often drawn from local folklore and in one way or another reflected the social woes of the time. In this category were pictures portraying (or distorting) the image of the macho Mexican: dashing Jorge Rivero as a hero of the plains in *El Payo* (*The Hayseed*), a story inspired by a popular comic book; or the young star Valentín Trujillo in a more violent role as a street-fighting kid in *El bronco* (*The Untamed*).

Folk singers occupied a privileged place in cinema, as a vast spectrum of the populace thrilled to their soulfully rendered *ranchera* tunes. It would be no exaggeration to say that these interpreters embodied the essence of Mexico. Tony Aguilar, for example, who had been a favorite of the masses since the early 1950s, acted and sang in more than 130 movies. He even went on to produce films venerating national heroes, such as *Emiliano Zapata*, a movie about the iconic Mexican leader and his role in the revolutionary movement of 1910. Aguilar also played a fictional character who sang the virtues of cardroom gambling in *El rey de oros* (*The King of Coins*). Another popular *charro*—Mexico's version of the cowboy or rodeo star—was Vicente Fernández. He performed a long list of hit songs in *Como México no hay dos* (*There Is Only One Mexico*), *Un hombre llamado el Diablo* (*A Man Called the Devil*), *El tahúr* (*The Gambler*), and so on. These films represent

Esta nueva corriente fílmica, que se dirigía al sector más educado de la sociedad, no duró mucho, desgraciadamente. Un año después de que el Presidente Echeverría dejó el poder, las productoras CONACINE y CONACITE, financiadas por el Estado, comenzaron a perder relevancia. El regreso a la producción comercial parecía representar la única opción de supervivencia para la industria del cine nacional. La mayoría de las productoras tradicionales acudieron a la realización de filmes baratos, destinados a satisfacer los gustos de las masas. Aún en este caso, muchos de los argumentos llevados a la pantalla se nutrían del folklore local y reflejaban, en alguna forma, los problemas sociales del momento. A esta categoría pertenecían las películas que retrataban—o distorsionaban—la imagen del macho mexicano. Por ejemplo, el gallardo Jorge Rivero personificó a un héro del Altiplano en *El Payo*, un argumento inspirado en una famosa tira cómica. En la línea de personajes violentos, Valentín Trujillo—otro actor estelar joven—caracterizó a un muchacho callejero y pendenciero en *El Bronco*.

Un lugar privilegiado en el cine de la época lo ocuparon los cantantes folklóricos, pues la mayoría de espectadores apreciaba las canciones rancheras que aquéllos interpretaban tan bien. No sería exagerado decir que estos cantantes representaban la esencia de México. Tony Aguilar, por ejemplo, había sido un favorito de las masas desde principios de los 1950s; él actuó y cantó en más de 130 películas. Además, él produjo sus propias cintas, en las que se rendía homenaje a héroes nacionales, como *Emiliano Zapata*, filme dedicado a uno de los líderes del movimiento revolucionario de 1910. Tony Aguilar también interpretó un personaje ficticio que cantaba las virtudes del juego de apuestas en *El rey de oros*. Vicente Fernández fue otro charro de gran popularidad que apareció cantando una larga lista de éxitos en *Como México no hay dos*, *Un hombre llamado el diablo*, *El tahúr*, etc.

an untapped source of insight into the Mexican psyche and at the same time serve as excellent entertainment for the common viewer, with their simple plots and contagious music. The publicity posters were an added attraction, showcasing a parade of instantly recognizable actors in character as flashy horsemen, tough guys, and other macho sorts.

The stars' immense popularity led many of them to produce and direct their own movies. In addition to singers Tony Aguilar and Vicente Fernández, a succession of comedians known to the public only by their stage names set up film companies. Gaspar Henaine (Capulina), María Elena Velasco (La India María), Germán Valdés (Tin Tan), and Eulalio González (Piporro) all followed the example of legendary comedian Mario Moreno, the unforgettable Cantinflas, who had produced his own movies since the forties. La India María's success on television made every one of her screen appearances a guaranteed hit. Among the films she directed were *Ni Chana ni Juana* (*Neither Chana nor Juana*) and *Ni de aquí ni de allá* (*Neither From Here nor From There*). Another dearly loved comic who appeared on TV and later directed his own films was Roberto Gómez Bolaños, or Chespirito. He starred in several motion pictures financed by the company Televicine, including the record-breaking hit *El chanfle*, about a hapless helper on a soccer team.

In the 1980s, the majority of producers changed course and began to turn out either ultraviolent movies or sex comedies peppered with double-entendre dialogue. The entrepreneurs defended the shift by saying that the public wanted simple entertainment, not boring, studious films or art cinema. With this in mind, one of them came up with a bold new character, as dangerous as she was gorgeous. This was *Lola la*

Estas películas, a la vez que una fuente inexplorada de información acerca de la psicología del mexicano, ofrecían buen entretenimiento para el espectador promedio que encontraba solaz en sus argumentos sencillos y en su contagiosa música. Un atractivo adicional lo constituían los carteles publicitarios, que presentaban un desfile de llamativos jinetes, tipos rudos y otros machos fácilmente identificables.

El alcance de la popularidad de las estrellas de esta época llevó a muchas de ellas a producir y a dirigir sus propias cintas. Además de los cantantes Tony Aguilar y Vicente Fernández, una serie de comediantes conocidos del público solamente por sus nombres escénicos fundaron compañías productoras. Gaspar Henaine (Capulina), María Elena Velasco (La India María), Germán Valdés (Tin Tan) y Eulalio González (Piporro), todos ellos siguieron el ejemplo del legendario cómico Mario Moreno, el inolvidable Cantinflas, que había producido sus propias cintas desde los 1940s. Los triunfos logrados por La India María en televisión garantizaban el éxito de cada una de sus apariciones en la pantalla grande. Entre los filmes que ella dirigió se encuentran *Ni Chana ni Juana* y *Ni de aquí ni de allá*. Otro comediante muy apreciado en televisión, que luego dirigió las películas en que él mismo actuaba, fue Roberto Gómez Bolaños, *Chespirito*. El protagonizó varios filmes financiados por Televicine; uno de ellos, el éxito de taquilla sin precedentes *El chanfle*, es acerca del torpe ayudante de un equipo de fútbol.

Durante los 1980s, la mayoría de los productores dieron un giro, haciendo películas altamente violentas o recurriendo a las "sexy comedias" colmadas de diálogos en doble sentido. Los empresarios defendían su posición explicando que el público buscaba simple entretenimiento, no cintas aburridas o cine de arte. En este afán, uno de ellos creó un personaje audaz, tan bello como peligroso. Se trataba de *Lola la trailera*, cuyas hazañas

trailera (*Lola the Truck-Driving Woman*), whose exploits mesmerized fans of action films. Played by Rosa Gloria Chagoyán, the character of Lola generated four sequels and the smash hit *La rielera* (*Railroad Woman*). Another invincible female star in the vicious-vamp category was Maribel Guardia, the actress who embodied *La alacrana* (*The She-Scorpion*). Producers also pandered to the public taste for adult comedies with flimsy plot lines and plenty of puns. A profusion of wisecrack movies appeared, showcasing the inexhaustible humor and wit typical of Mexican speech: *Albures mexicanos* (*Snappy Mexican Sayings*) and *El vergonzoso* (*The Shameful One*) were two of the best. All these films included scantily clad actresses as well as seasoned vaudeville comics who were masters at firing up an audience. The extent of the sex comedies' popularity is clear from the statistics: of the 66 movies produced by private companies in 1988, 42 belonged to this genre.

Suddenly, with the fever for violent and lurid spectacle at its height, the Mexican film industry fell off a cliff. By 1991, the two main distribution companies, Películas Nacionales and Películas Mexicanas, had gone bankrupt after almost fifty years of promoting the country's cinema. The same fate befell Azteca Films, the chief U.S. distributor of Spanish-language pictures, which had been operating since 1932. The collapse of the industry was attributed to the advent of video: the movie theater was no longer the only place to watch a motion picture. Moreover, the technical quality of recent films had left much to be desired. To add to the industry's woes, the government did nothing to protect local production, welcoming instead a flood of U.S. films. All this seemed to forebode the end of Mexican cinema. Filmmakers survived either by shooting low-budget video movies for home viewing or by migrating to the United States. A few remained

dejaban embobados a los amantes del cine de acción. Personificado por Rosa Gloria Chagoyán, este personaje generó cuatro filmes más, así como el gran éxito de taquilla *La rielera*. Otra dama invencible que competía en atractivos y agresividad era Maribel Guardia, protagonista de *La alacrana*. Los productores también aprovecharon la preferencia del público por comedias para adultos, con argumentos débiles, pero repletos de juegos de palabras y dobles sentidos. Se produjo un gran número de películas basadas en picantes situaciones, ejemplificando el inextinguible humor y el habla ingeniosa de muchos mexicanos: *Albures mexicanos* y *El vergonzoso* son dos títulos entre muchos otros. Todas estas cintas incluían actrices escasamente vestidas, así como famosos cómicos de teatro de revista, que sabían bien cómo encender al público. El alcance de estas "sexy comedias" se evidencia en las estadísticas: de 66 películas producidas por compañías privadas en 1988, 42 pertenecían a este género.

De pronto, mientras esta fiebre por temas violentos y atrevidos estaba en su apogeo, la industria cinematográfica mexicana cayó en un abismo. Para 1991, las principales compañías distribuidoras, Películas Nacionales y Películas Mexicanas, se declararon en quiebra, luego de más de cincuenta años de promover el cine nacional. Azteca Films, empresa fundada en 1932 y la más grande distribuidora de películas en español en Estados Unidos, corrió la misma suerte. El derrumbe de la industria fue atribuido a la aparición del video. Las salas de cine ya no eran los únicos canales para la exhibición de películas; por otra parte, la calidad técnica de las cintas recientes dejaba mucho qué desear. Además, el gobierno no hizo nada por proteger la producción nacional; antes bien, permitió que el mercado local fuera inundado por cintas estadounidenses. Todo esto parecía pronosticar el fin de la cinematografía mexicana. Los cineastas sobrevivieron filmando películas de bajo presupuesto para video o emigrando a los Estados Unidos. Unos pocos continuaron comprometidos a producir

committed to producing top-notch films locally, their efforts backed by institutions such as the CUEC (University Center for Film Studies) and IMCINE (Mexican Film Institute). These two agencies promoting Mexican cinema launched the careers of talented new directors, editors, and writers, many of whom now command attention in national and international film festivals.

POSTER ADVERTISING AND ITS ARTISTS

Every theater operator or film producer knows that a well-crafted publicity campaign is the key to a movie's success. Ads in newspapers, magazines, and broadcast media have all proven their worth in this regard. But historically, the publicity instrument that has stimulated moviegoers' imagination most intensely is the poster. It has been the inseparable companion to every release of a motion picture in theaters. In Mexico, a movie release entailed a supply of about three thousand to four thousand posters, or "one-sheets," in the standard size of 27-by-37-inches. Half of them were used domestically and the rest distributed to other countries. Up until 1971, posters were produced on very thin, fragile paper; afterward printers switched to a glossy, more durable paper stock. Theaters also displayed $12\frac{1}{2}$-by-$16\frac{1}{2}$-inch lobby cards bearing the same artwork as the one-sheet poster. In the United States, distributors supplied the Mexican one-sheets to theaters but also added their own 11-by-14-inch lobby cards, which featured new photomontages centering on a still from the film's climactic scenes.

en el país películas de alta calidad, y sus esfuerzos contaron con el apoyo de instituciones como el CUEC (Centro Universitario de Estudios Cinematográficos) e IMCINE (Instituto Mexicano de Cinematografía). Estas dos agencias promotoras del cine mexicano impulsaron las carreras de talentosos directores, editores y guionistas, muchos de los cuales reciben actualmente merecida atención en los festivales de cine nacionales e internacionales.

CARTELES PUBLICITARIOS Y SUS CREADORES

Todo empresario exhibidor de cine o productor de películas sabe que una campaña publicitaria bien planeada es la clave para el éxito de una película. Los anuncios en periódicos y revistas, así como los comerciales en radio y televisión, han probado su eficacia para este propósito. Históricamente, sin embargo, el instrumento publicitario que ha logrado cautivar más intensamente la imaginación de los espectadores es el cartel cinematográfico. El cartel ha sido el inseparable compañero de cada programa en una sala de cine. En México, el lanzamiento de una película requería de un tiraje de tres a cuatro mil carteles, en un tamaño estandarizado de 70 por 95 cms. La mitad de ellos se destinaba al mercado doméstico y el resto se repartía en otros países. Hasta 1971, los carteles se imprimían en papel muy delgado y frágil; después, comenzó a usarse un material más resistente y brillante. Aparte de los carteles, las salas de cine también exhibían fotomontajes con el mismo diseño de los *posters* y en medidas de 32 por 42 cms. En los Estados Unidos, los distribuidores de películas en español proveían de carteles a los teatros y añadían sus propios juegos de fotomontajes de diseño original, que llevaban pegada la fotografía de una escena culminante de la película.

Philosopher and art critic Eugenio d'Ors once said that a poster was "a shout glued to a wall." And indeed, the one-sheet poster, with its huge size and vivid colors, commands attention instantly. Almost everyone who passes by a movie house is lured into glancing at the ads on display and reacts to the poster images. This power of attraction is generated by the graphic artist's enormous talent and skill. Many Mexican artists were under exclusive contract to advertising agencies such as Ars-Una, Palafox, and Cuauhtémoc. Beginning in 1969, Procinemex was established to coordinate the efforts of all agencies involved in promoting films. This institution recruited the best graphic creators of the times, seasoned professionals as well as up-and-coming talents.

The most active poster artists during the sixties were Leopoldo Mendoza, Marco Antonio Echeverría, Francisco Cerezo, Heriberto Andrade, Roberto Ruiz Ocaña, and the brothers Raúl and Armando Martínez Cacho. Together, this small group generated a huge proportion of the movie industry's print advertising. Particularly prolific was Leopoldo Mendoza, who spent a lifetime producing poster illustrations starting in the 1940s. Samples of his later work can be found in the one-sheets for *Tiburoneros* (*The Shark Hunters*), *La isla de los dinosaurios* (*Island of the Dinosaurs*), and *El increíble Profesor Zovek* (*The Incredible Professor Zovek*). Another artist of impeccable style and technique is Heriberto Andrade. His satirical caricatures for *Hilario Cortés, el rey del talón* (*Hilario Cortés, King of the Streetwalkers*) and *La pulquería* (*The Pulque Shop*) are simply delightful.

With the revitalization of the Mexican film industry in the early seventies, a younger generation of artists appeared on the scene. These cosmopolitan creators were influenced by international aesthetic trends

El filosofo y crítico de arte Eugenio D'Ors dijo una vez que el cartel era "un grito pegado en la pared". Y de hecho, gracias a su gran tamaño y a sus vívidos colores, el cartel llama la atención de la gente en forma instantánea. Casi todas las personas que pasan por una sala de cine se sienten tentadas a echar un vistazo a la publicidad y, al hacerlo, reaccionan ante las imágenes presentadas en los carteles. Este poder de atracción se origina, sin duda, en el gran talento y en la destreza del artista gráfico. Muchos de estos artistas mexicanos eran contratados en exclusiva por agencias publicitarias tales como Ars-Una, Palafox y Cuauhtémoc. A principios de 1969, la empresa Procinemex fue establecida para que coordinara los esfuerzos de promoción cinematográfica realizados por todas las agencias. Esta compañía reclutó a los mejores artistas gráficos del momento, tanto gente experimentada como nuevos talentos.

Los cartelistas más activos durante los 1960s fueron Leopoldo Mendoza, Marco Antonio Echeverría, Francisco Cerezo, Heriberto Andrade, Roberto Ruiz Ocaña y los hermanos Raúl y Armando Martínez Cacho. Entre todos, los miembros de este pequeño grupo crearon una considerable cantidad de publicidad impresa para el cine. Leopoldo Mendoza, quien dedicó su vida al arte del cartel desde los 1940s, fue especialmente prolífico en su trabajo. Ejemplos de sus últimas creaciones son los carteles para *Tiburoneros*, *La isla de los dinosaurios* y *El increíble Profesor Zovek*. Otro artista de estilo y técnica impecables es Heriberto Andrade. Sus caricaturas satíricas para *Hilario Cortés, el Rey del Talón* y *La pulquería* son simplemente fascinantes.

Con la renovación de la industria cinematográfica mexicana a principios de los 1970s, apareció una nueva generación de artistas. Estos creadores cosmopolitas recibieron la influencia de corrientes artísticas

such as the Polish school of poster art, freeing their graphic design work from the narrow restraints of commercial considerations. Artists such as Rafael López Castro, Ángel del Palacio, and Rafael Hernández attained wide recognition for giving a new face to film publicity. López Castro, for example, often used surrealist elements to stunning effect. The striking posters for *Coronación* (*Coronation*) and *La otra virginidad* (*The Other Virginity*) are testament to his genius. These artists left a substantial legacy of professional excellence in Mexican iconography and I have attributed their posters to them whenever possible.

Finally, the roster of noteworthy names must include a group of humorous illustrators whose antic images produced inimitable posters. The caricaturists, more than anybody, managed to convey the comic sensibility in Mexican films, creating movie publicity that made people laugh out loud. Known in the trade as *moneros*, or "monkey makers," they used their wit to full advantage, transforming the familiar faces of actors and actresses into expressive cartoons. Some of the greats of caricature art were Alberto Isaac, Rogelio Naranjo, A.M. Kacho, Jorge Carreño, and Luis Carreño. The contagious humor of Héctor Valdés, Rius, and Kiki also stood out. Valdés's style was greatly influenced by the U.S. magazine *MAD*, as seen in his poster for *Las cenizas del diputado* (*The Congressman's Ashes*). Alberto Isaac was a swimming champion who later directed films and also became an excellent caricaturist. Although he made only a few posters, they demonstrate incredible mastery. The marvelous images of *Tívoli* and *¡Pum!* are good examples.

internacionales como la escuela polaca de cartel, que liberó su obra de diseño gráfico de ceñirse demasiado a las estrecheces de las consideraciones comerciales. Artistas como Rafael López Castro, Ángel del Palacio y Rafael Hernández lograron amplio reconocimiento por dar una nueva fisonomía a la publicidad cinematográfica. López Castro, por ejemplo, usaba con frecuencia elementos surrealistas para causar un impacto en la mente del espectador. Los estupendos carteles para *Coronación* y *La otra virginidad* son prueba de su genio. Con su excelencia profesional, estos artistas han dejado un importantelegado iconográfico en México, y menciono al creador de cada cartel en los casos en que se sabe quién fue.

Finalmente, es necesario mencionar a un grupo de cartelistas caracterizados por el chispeante humor de sus inimitables carteles. Los caricaturistas, más que nadie, fueron capaces de captar el lado cómico de las películas mexicanas, haciendo de la publicidad cinematográfica una experiencia divertida. Conocidos en su medio como "moneros", estos artistas aprovechaban al máximo su ingenio para convertir las ya familiares caras de los actores y actrices en graciosos tipos. Algunos de los grandes artistas de la caricatura fueron Alberto Isaac, Rogelio Naranjo, A.M. Kacho, Jorge Carreño y Luis Carreño. Las caricaturas de Rius, Kiki y Héctor Valdés también eran de un humor contagioso. El estilo de Valdés estaba muy influenciado por la publicación estadounidense *MAD*, lo cual queda de manifiesto en el cartel para *Las cenizas del diputado*. Alberto Isaac fue campeón de natación y luego se convirtió en cineasta y excelente caricaturista. Aunque creó sólo unos cuantos carteles, los que se conocen son suficientes para probar su maestría. Como ejemplo, podemos tomar las geniales imágenes de *Tívoli* y *¡Pum!*

The two figures who have become synonymous with the art of caricature in Mexico are Jorge Carreño and his son Luis. Together, they enlivened thousands of editorial pages and magazine covers via illustrations that sparkle with their incomparable sense of humor. For the cinema, they depicted the hilarious characters of countless comedies in posters for *Picardía mexicana (Spicy Mexican Sayings)*, *El rey de la vecindad (King of the Apartment Block)*, and *Cinco nacos asaltan Las Vegas (Five Hicks Hit Las Vegas)*, among others. Indeed, the caricature artists produced enough wonderful work to fill an entire volume by itself.

Movie fans, poster collectors, and anyone with an interest in Mexican pop culture will find many revelations in this book. From 1957 to 1990, the cinema industry was fascinated with the myths, stereotypes, and mores of a society undergoing rapid change. This period saw the ascendancy of commercialism in cinema and its abrupt collapse. Many of the images from this era pertain to films that will be remembered for their stars, directors, technical values, and subject matter; other movies will be valued for their exceptional box-office appeal, and still others might lapse into total obscurity. Nevertheless, each one left an indelible imprint via the advertising images that accompanied its theatrical release. The posters reproduced here might serve as a memory aid to the epoch's cinema. At the same time, I am sure readers will thrill to the images as the unique cultural artifacts they are.

Jorge Carreño y su hijo Luis Carreño se han convertido en sinónimos del arte de la caricatura en México. Entre los dos ilustraron miles de páginas editoriales y portadas de revistas, poniendo de manifiesto su incomparable sentido del humor. En el cine, ambos nos obsequiaron con los hilarantes personajes de innumerables comedias, como en los carteles para *Picardía mexicana, El rey de la vecindad* y *Cinco nacos asaltan Las Vegas*. A decir verdad, las caricaturas realizadas por estos grandes artistas podrían ocupar un libro completo.

Cinéfilos, coleccionistas de carteles y estudiosos de la cultura popular mexicana encontrarán este libro revelador. De 1957 a 1990, la industria fílmica estuvo fascinada por los mitos, estereotipos y normas de una sociedad en rápida transformación. Este periodo se caracteriza por el auge del comercialismo y por un abrupto desplome de la producción. Muchas de las imágenes de esta época pertenecen a películas que serán recordadas por sus protagonistas, directores, valores técnicos y temas. Otras, seguramente serán valoradas en términos de su excepcional atractivo de taquilla. Algunas de ellas quizá nunca vuelvan a ser mencionadas o citadas. No obstante, cada una de ellas ha dejado una huella indeleble en la publicidad impresa que acompañó su estreno. Los carteles reproducidos aquí podrían ser útiles para recordar el cine de la época. Al mismo tiempo, y muy seguramente, su carácter único conmoverá a más de un lector.

BIBLIOGRAPHY

Agrasánchez, Rogelio, Jr., and Charles Ramírez Berg. *Cine Mexicano: Posters from the Golden Age 1936–1956*. San Francisco: Chronicle Books, 2001.
Andrade, Heriberto. Interviewed by author. June 27, 1997.
Echeverría, Marco Antonio. Interviewed by author. October 14, 2005.
García Riera, Emilio. *Breve historia del cine mexicano, 1897–1997*. México City: Conaculta-Imcine, 1998.
————. *Historia documental del cine mexicano*. Guadalajara: Universidad de Guadalajara-Imcine, 1997.
Kraul, Chris, and Shasta Darlington. "Mexico: Its Once-Glorious Cinema Is Fading Out." *Los Angeles Times*, January 8, 1996.
Lozoya, Jorge Alberto, "El mensaje fugaz del cartel cinematográfico." *México en el tiempo*, August–September 1995.
Mendoza, Leopoldo. Interviewed by author. November 9, 1992.
Mora, Carl J., *Mexican Cinema: Reflections of a Society, 1896–2004*. Jefferson, NC: McFarland, 2005.
Somos Uno series. *Por siempre Cantinflas*. Mexico City: Editorial Eres. June 1993.
Romandía, Cristina Félix, and Jorge Larson Guerra. *El cartel cinematográfico mexicano*. México City: Cineteca Nacional, 1987.
Sánchez, Francisco. *Luz en la oscuridad: crónica del cine mexicano, 1896–2002*. Mexico City: Conaculta-Cineteca Nacional, 2002.
Sánchez González, Agustín. *Diccionario biográfico ilustrado de la caricatura mexicana*. México City: Limusa, 1997.
Viñas, Moisés. *Índice cronológico del cine mexicano, 1896–1992*. México City: UNAM, 1992.
Wilt, David E. *The Mexican Filmography: 1919 Through 2001*. Jefferson, NC: McFarland, 2004.

BIBLIOGRAFIÁ

Agrasánchez, Rogelio, Jr., y Charles Ramírez Berg. *Cine Mexicano: Posters from the Golden Age 1936–1956*. San Francisco: Chronicle Books, 2001.
Andrade, Heriberto. Entrevistado por el autor. 27 junio, 1997.
Echeverría, Marco Antonio. Entrevistado por el autor. 14 octubre, 2005.
García Riera, Emilio. *Breve historia del cine mexicano, 1897–1997*. México DF: Conaculta-Imcine, 1998.
————. *Historia documental del cine mexicano*. Guadalajara: Universidad de Guadalajara-Imcine, 1997.
Kraul, Chris, y Shasta Darlington. "Mexico: Its Once-Glorious Cinema Is Fading Out." *Los Angeles Times*, 8 enero, 1996.
Lozoya, Jorge Alberto, "El mensaje fugaz del cartel cinematográfico." *México en el tiempo*, agosto–septiembre 1995.
Mendoza, Leopoldo. Entrevistado por el autor. 9 noviembre, 1992.
Mora, Carl J., *Mexican Cinema: Reflections of a Society, 1896–2004*. Jefferson, NC: McFarland, 2005.
Serie Somos Uno. *Por siempre Cantinflas*. Mexico City: Editorial Eres. Junio 1993.
Romandía, Cristina Félix, y Jorge Larson Guerra. *El cartel cinematográfico mexicano*. México DF: Cineteca Nacional, 1987.
Sánchez, Francisco. *Luz en la oscuridad: crónica del cine mexicano, 1896-2002*. México DF: Conaculta-Cineteca Nacional, 2002.
Sánchez González, Agustín. *Diccionario biográfico ilustrado de la caricatura mexicana*. México DF: Limusa, 1997.
Viñas, Moisés. *Índice cronológico del cine mexicano, 1896-1992*. México DF: UNAM, 1992.
Wilt, David E. *The Mexican Filmography: 1919 Through 2001*. Jefferson, NC: McFarland, 2004.

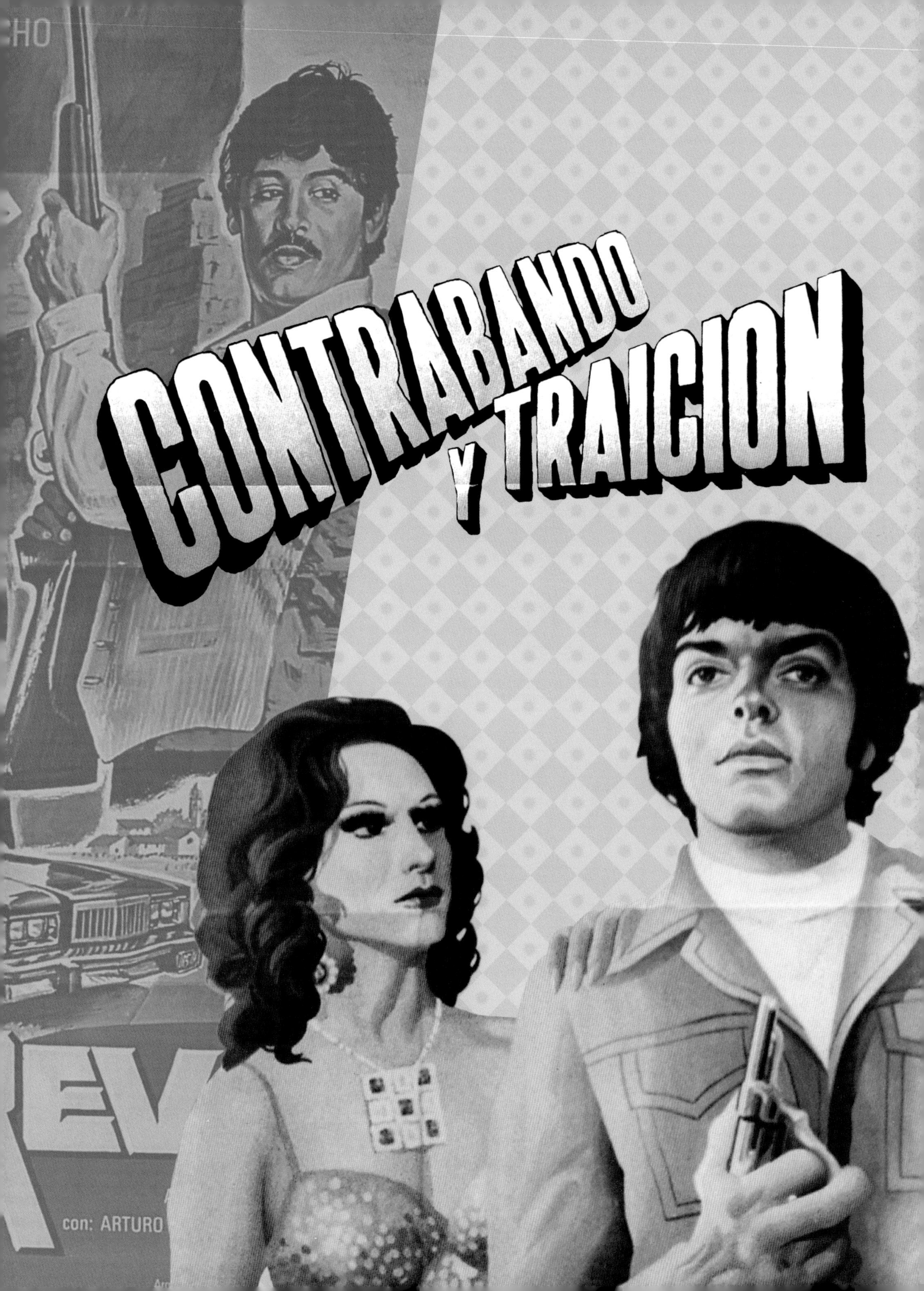
CONTRABANDO Y TRAICION
CHO
REV
con: ARTURO

CONTRABANDO Y TRAICIÓN
Smuggling and Betrayal
Leopoldo Mendoza, 1975

LAS BRACERAS
Wetback Women
1980

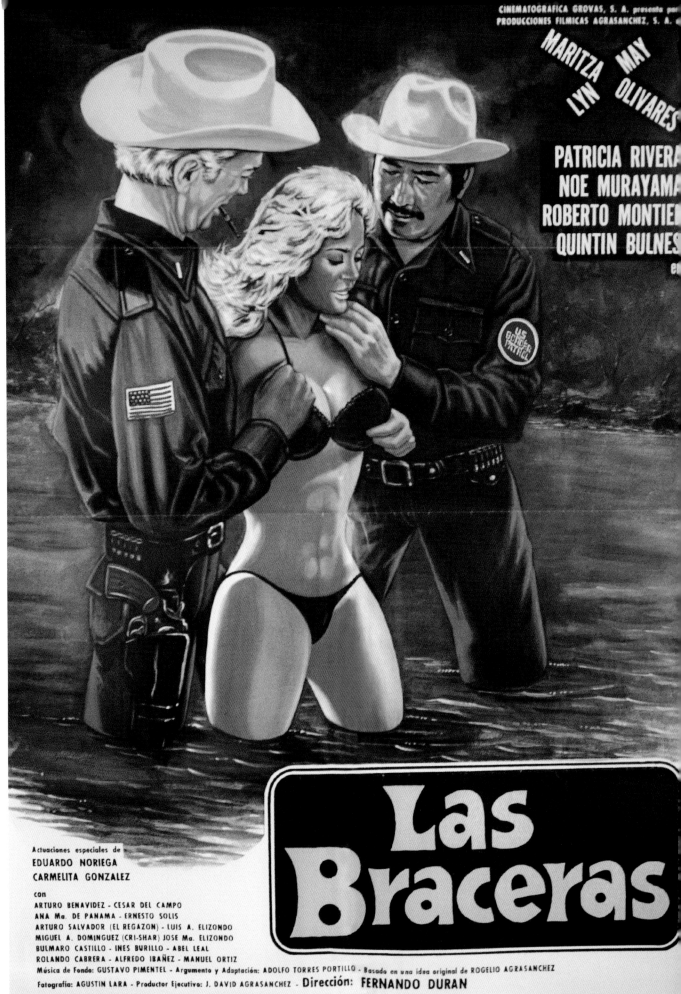

ABOVE, LEFT
LA MAFIA DE LA FRONTERA
Border Mafia
Heriberto Andrade, 1979

ABOVE, RIGHT
LA MUERTE DE EL FEDERAL DE CAMINOS
Death of the Highway Patrolman
1985

LOS MALVADOS
The Evil Ones
1965

PISTOLEROS FAMOSOS II
Famous Gunmen, Part 2
1983

GRINGO MOJADO
Wetback Gringo
Luis Carreño, 1983

LA HISTORIA DE UN
"GRINGO MOJADO"

QUE QUERIA
SER DE ACA
DE ESTE LADO

SAMUEL
BOTTOMS

RAFAEL
INCLAN

MÉXICO

EE UU

IMCINE, CONACITE DOS y CAMROSE PRODUCTIONS
presentan

GRINGO MOJADO
IN'N OUT

REBECCA JONES   ISELA VEGA   PAT HINGLE
(como MONA MUR)

Música T-BONE BURNETT • Fotografía JUAN RUIZ ANCHIA   Guión ELLEN KESEND y RICARDO FRANCO

Producida por MICHAEL JAMES EGAN   Dirigida por RICARDO FRANCO

**LOS REYES
DEL CONTRABANDO**
Kings of Contraband
A.M. Kacho, 1982

**GATILLEROS
DEL RÍO BRAVO**
Triggermen of the Rio Bravo
1981

MOJADOS
Wetbacks
1977

MAURO EL MOJADO
Mauro the Wetback
Ángel Del Palacio, 1986

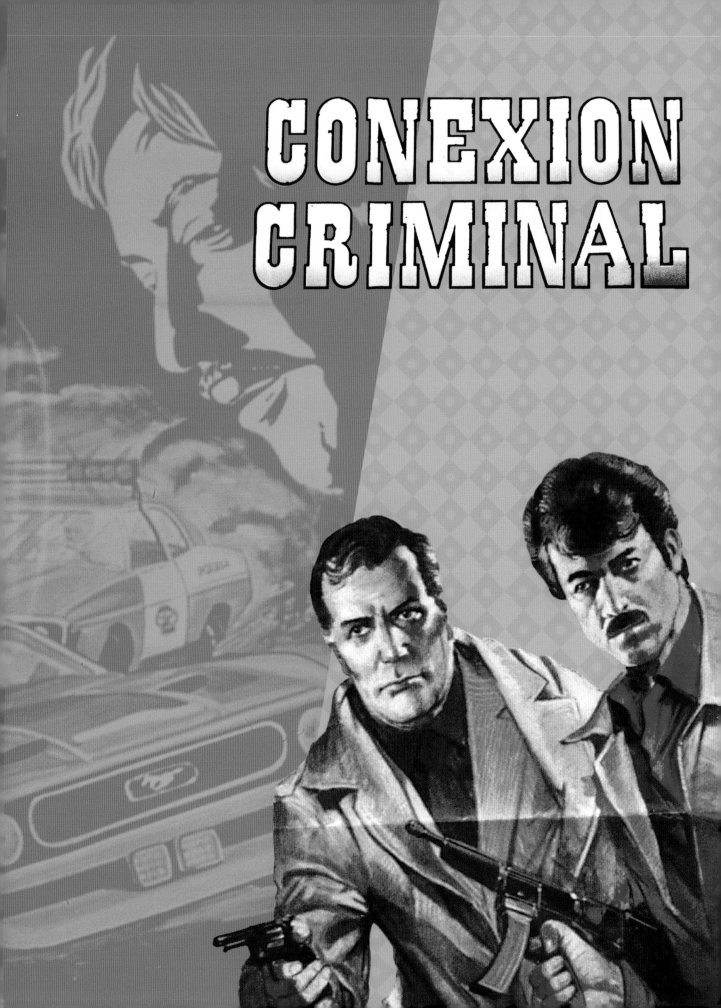

Cineproducciones Internacionales, S.A. presenta: un film de ALFONSO ROSAS PRIEGO R.

JOAQUIN CORDERO   SERGIO GOYRI   BLANCA GUERRA

ROBERTO (FLACO) GUZMAN   PATRICIA RIVERA   ALFREDO LEAL

¡ENTRAR AL CIRCULO DE LA MAFIA
SE PAGA CON LA MUERTE!

CONEXION CRIMINAL

actuación musical:
PEPE AREVALO Y SUS MULATOS

con BRUNO REY   JOSE CHAVEZ TROWE   actuaciones especiales de: GINA LEAL   YIRAH APARICIO A D ALBERTO ARBIZU   PACO SAÑUDO   niño CESAR ADRIAN SANCHEZ

ALEJANDRA ANDERSON   estrella invitada: DIANA FERRETI   productor ejecutivo GONZALO ELVIRA ALVAREZ

argumento: ALFONSO ROSAS PRIEGO R.   libro cinematográfico: RAMON OBON   cine fotógrafo: ANTONIO DE ANDA   música: ERNESTO CORTAZAR

director ALFONSO ROSAS PRIEGO R.

IMPRESO EN MEXICO   GRSA

LEFT

CONEXIÓN CRIMINAL
Criminal Connection
1986

RIGHT, TOP

EL CAÍN DEL BAJÍO
Cain of the Lowlands
1981

RIGHT, MIDDLE

EL JUDICIAL
Federal Cop
1984

RIGHT, BOTTOM

LA VENGANZA DE RAMONA
Ramona's Revenge
Francisco Cerezo, 1989

ABOVE
EL ASESINO DEL METRO
The Subway Killer
Jaimes, 1990

RIGHT
¡YO SABÍA DEMASIADO!
I Knew Too Much!
Francisco Cerezo, 1959

LEFT

FUGA EN LA NOCHE
Escape in the Night
1972

RIGHT, TOP

PISTOLAS INVENCIBLES
Invincible Guns
Heriberto Andrade, 1959

RIGHT, BOTTOM

**NARCOSATÁNICOS
ASESINOS**
*Murderous Satan-Worshiping
Drug Lords*
1989

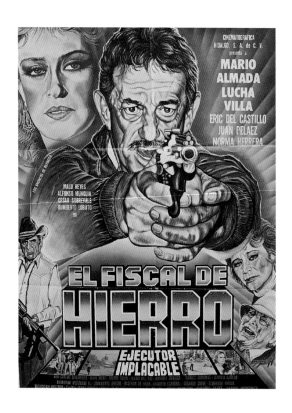

ABOVE, RIGHT

**VUELVEN LOS PISTOLEROS
FAMOSOS III**
Return of the Famous Gunmen, Part 3
1983

RIGHT

357 MAGNUM
Kiki, 1979

n realizado por JULIO BRACHO

JUVENTUD SIN LEY

NDEZ
COBERTO

MONTOYA

ECA ITURBIDE   HERNANDEZ "VIVI" y GRACIEL

Cinedrama y Guión   RACHO y J. A. Villaseñor

OSE LORENZO ZAKANY ALMADA

LLIPS   EASTMANCC

ABOVE

JUVENTUD SIN LEY
Lawless Youth
1965

RIGHT

**MIL CAMINOS TIENE
LA MUERTE**
Death Takes A Thousand Pathways
1976

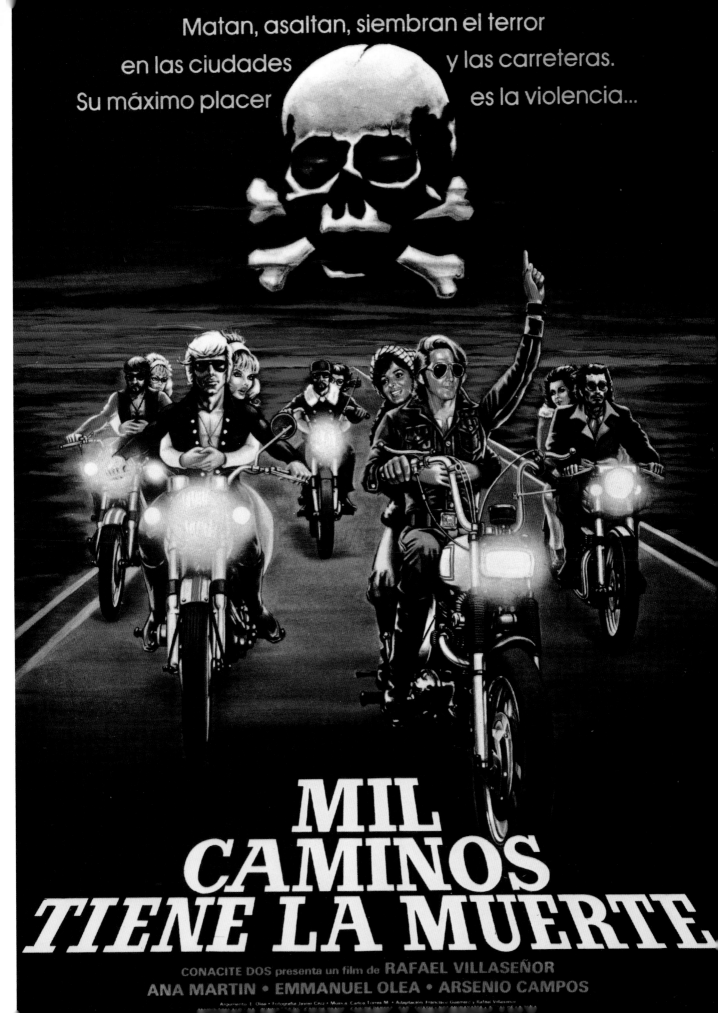

DAMIANA Y LOS HOMBRES
Damiana and the Men
1966

MUCHACHOS IMPACIENTES
Impatient Guys
1965

ABOVE, LEFT
SOR YE-YÉ
Sister Ye-Ye
1967

ABOVE, RIGHT
EL CASO DE UNA ADOLESCENTE
The Case of a Teenage Girl
1957

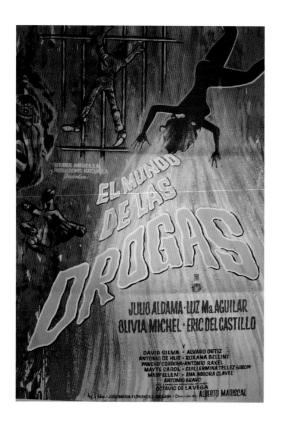

EL MUNDO DE LAS DROGAS
The World of Drugs
1963

AZUL
Blue
Francisco Cerezo, 1971

ABOVE, LEFT
LUJURIA DE MARIHUANA
Marijuana Lust
1967

ABOVE, RIGHT
EN CARNE PROPIA
In the Flesh
Leopoldo Mendoza, 1959

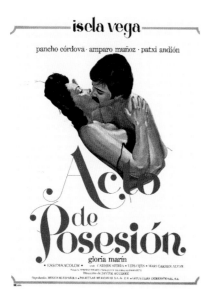

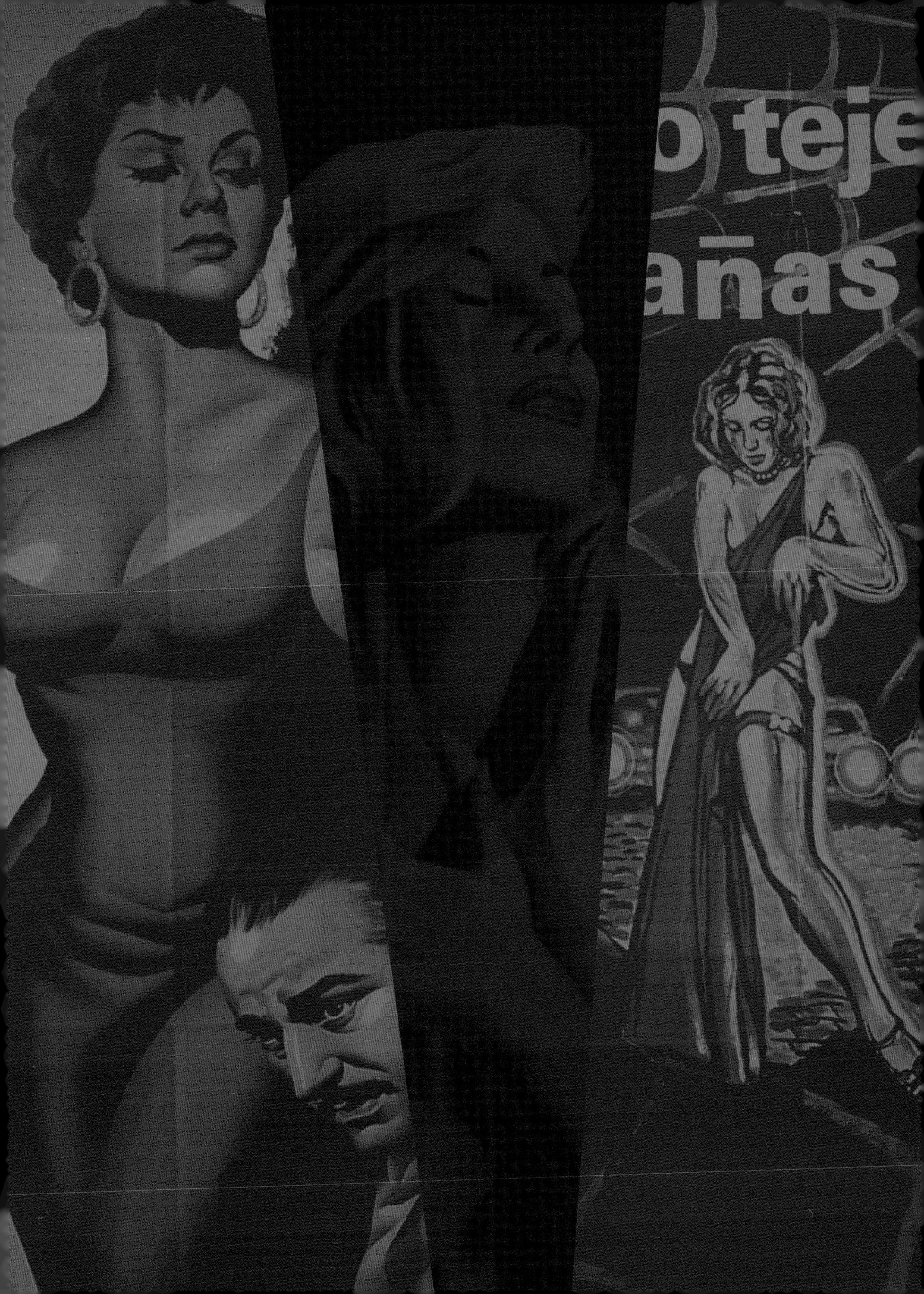
o teje
añas

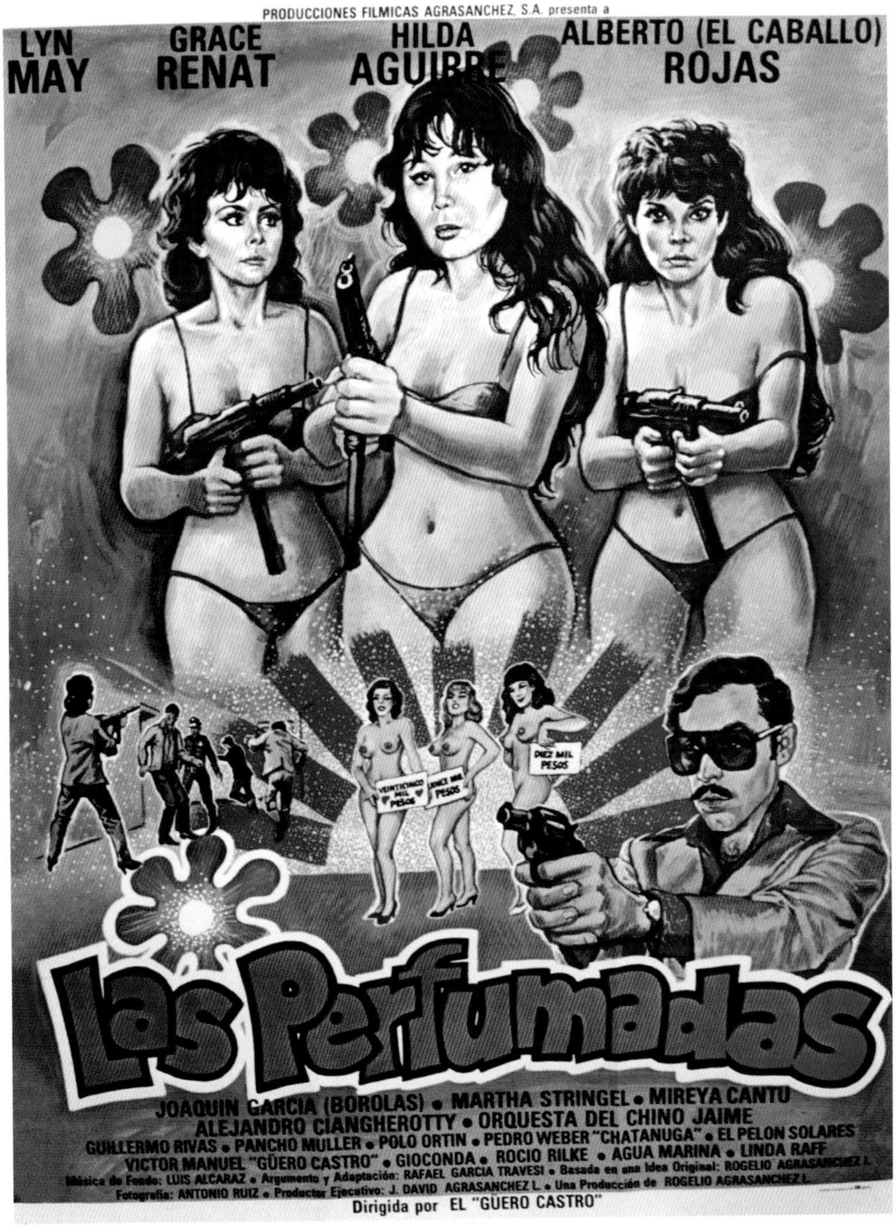

LEFT
ZONA ROJA
Red Zone
Rafael López Castro, 1975

ABOVE
LAS PERFUMADAS
Perfumed Women
1983

SENDA PROHIBIDA
The Forbidden Path
Leopoldo Mendoza, 1959

CUANDO TEJEN LAS ARAÑAS
When Spiders Weave Their Webs
Oteyza, 1977

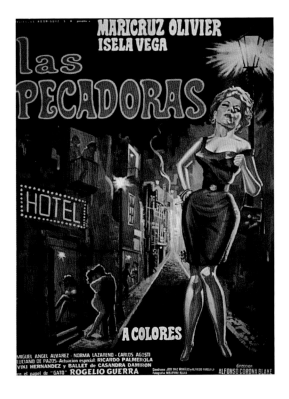

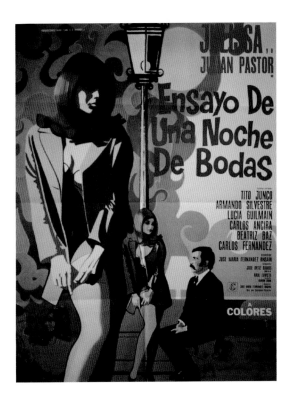

LAS PECADORAS
The Sinners
1967

**ENSAYO DE UNA NOCHE
DE BODAS**
Rehearsal for a Wedding Night
1967

ABOVE, LEFT

LAS CAUTIVAS
Captive Women
1971

ABOVE, RIGHT

MIENTRAS MÉXICO DUERME
While Mexico Sleeps
H. Sanabria, 1983

RIGHT

HAN VIOLADO A UNA MUJER
A Woman Was Raped
1981

FAR RIGHT

UNA MUJER SIN PRECIO
A Priceless Woman
1965

UNA MUJER SIN PRECIO

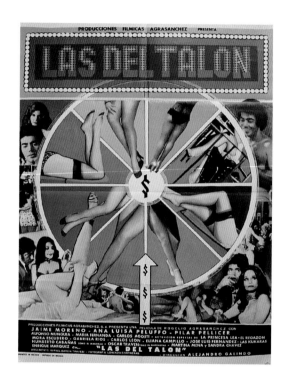

¡OYE SALOMÉ!
Listen Here, Salomé!
1978

ABOVE, RIGHT

LAS DEL TALÓN
Women of the Streets
1977

RIGHT

NOCHES DE CABARET
Cabaret Nights
1977

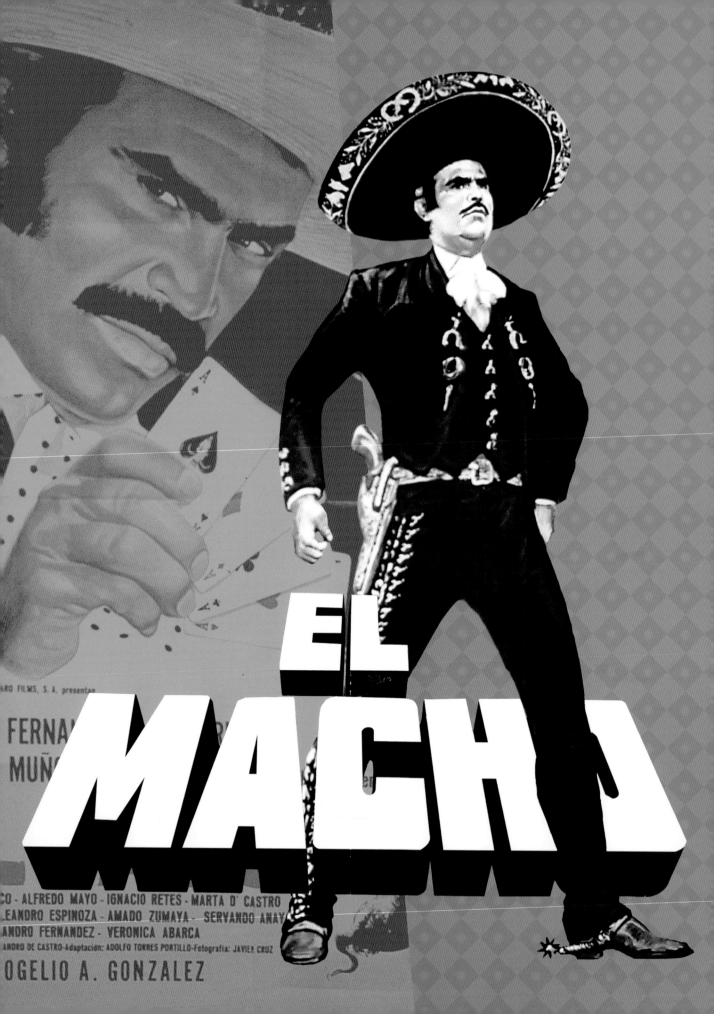

EL MACHO
The Macho Man
1987

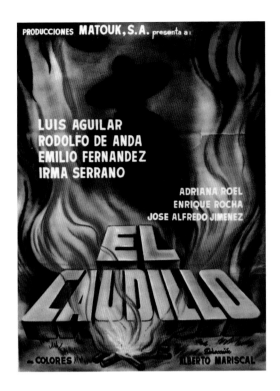

ABOVE, LEFT

EL CAUDILLO
The Headman
1967

ABOVE, RIGHT

**LA VENGANZA
DE LA SOMBRA**
Vengeance of the Shadow
1961

BELOW, LEFT

EL REY DE OROS
King of Coins
A.M. Kacho, 1983

BELOW, RIGHT

**JUAN CHARRASQUEADO Y GABINO BARRERA:
SU VERDADERA HISTORIA**
The True Story of Juan Charrasqueado and Gabino Barrera
Heriberto Andrade, 1981

ABOVE, LEFT

COMO MÉXICO NO HAY DOS
There Is Only One Mexico
Marco Antonio Echeverría, 1979

ABOVE, RIGHT

EL TAHÚR
The Gambler
Heriberto Andrade, 1979

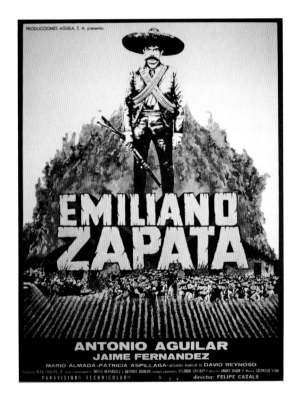

EMILIANO ZAPATA
1970

GUERRILLERO DEL NORTE
Guerrilla from the North
1982

LEFT, TOP

UN HOMBRE LLAMADO EL DIABLO
A Man Called The Devil
1981

LEFT, MIDDLE

EL HALCÓN SOLITARIO
The Lone Falcon
Leopoldo Mendoza, 1963

LEFT, BOTTOM

EL CENTAURO PANCHO VILLA
Pancho Villa, the Centaur
1967

RIGHT

EL PAYO, UN HOMBRE CONTRA EL MUNDO
The Hayseed: A Man Against the World
1971

ABOVE, LEFT
**ROSITA ALVÍREZ,
DESTINO SANGRIENTO**
Rosita Alvírez: Bloody Destiny
1980

ABOVE, RIGHT
¡VIVA LA PARRANDA!
Live It Up!
1959

RIGHT
NOBLEZA RANCHERA
Country Nobility
Roberto Ruiz Ocaña, 1975

FAR RIGHT
COMO GALLOS DE PELEA
Like Fighting Cocks
Francisco Cerezo, 1975

INTERFILMS, S. A.
PRESENTA A

ANA BERTHA
LEPE
GUILLERMO
MURRAY
RAUL
ASTOR
INTERPRETAN
EL TRIKINI COLORADO

JULIO
ALEMAN
ROSA MARIA
VAZQUEZ
SUSANA
CABRERA
INTERPRETAN
AMOR Y YOGA

MAURICIO
GARCES
CONTRA
ISELA
VEGA
NORMA
MORA
RENATA
SEYDELL
BARBARA
ANGELY
CLAUDIA
MARTELL
EN
EL IMPONENTE

PRIMERA PELICULA MEXICANA A LA ITALIANA   ¡SUPER SEXACIONAL!

¡MUJERES!...¡MUJERES!...¡MUJERES!

CANCIONES:
"CUANDO, CUANDO, CUANDO"
"CAPRI C'EST FINI"
"ESTA NOCHE ES MI NOCHE"

A COLORES
DIRECTOR: JOSE DIAZ MORALES
FOTOGRAFIA: RAUL DOMINGUEZ   MUSICA: ENRICO C. CABIATI

ARGUMENTO DE "EL TRIKINI COLORADO" Y "EL IMPONENTE": RAUL ZENTENO
CINECOMEDIA DE: ALFREDO VARELA Y J. DIAZ MORALES. "AMOR Y YOGA" CINECOMEDIA
DE: ALFREDO VARELA Y J. DIAZ MORALES DIST. POR COLUMBIA PICTURES

IMPRESO EN MEXICO   PRINTED IN MEXICO

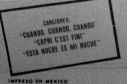

LEFT

¡MUJERES! ¡MUJERES! ¡MUJERES!
Women! Women! Women!
1967

RIGHT, TOP

CON LICENCIA PARA MATAR
License to Kill
1967

RIGHT, MIDDLE

LA MUJER POLICÍA
Policewoman
M. Guilleman (Juan Manuel Guillén),
1986

RIGHT, BOTTOM

LA COSECHA DE MUJERES
Harvest of Women
Pato (Juan Manuel Guillén), 1979

ABOVE, LEFT

LOLA LA TRAILERA
Lola the Truck-Driving Woman
1983

ABOVE, RIGHT

LA RIELERA
Railroad Woman
Marco Antonio Echeverría, 1987

ABOVE, LEFT

LA ALACRANA
The She-Scorpion
Ángel Del Palacio, 1986

ABOVE, RIGHT

LA GRAN TIGRESA
The Great Tigress
1972

LEFT

**PAULA, LÁGRIMAS
DEL PRIMER AMOR**
Paula: Tears of First Love
1968

RIGHT, TOP

YESENIA
1971

RIGHT, MIDDLE

ME CASÉ CON UN CURA
I Married A Priest
1967

RIGHT, BOTTOM

JUANA GALLO
1960

LEFT, TOP

¿QUÉ HACER CON MIS HIJOS?
What To Do with My Children?
1963

LEFT, BOTTOM

LA AGONÍA DE SER MADRE
The Agony of Being a Mother
1969

RIGHT

LA VENENOSA
Poisonous Woman
1957

PICARDÍA MEXICANA
Spicy Mexican Sayings
Jorge Carreño, 1977

LA RAZA NUNCA PIERDE
Our People Never Lose
Marco Antonio Echeverría, 1985

ABOVE, LEFT

ALBURES MEXICANOS
Snappy Mexican Sayings
1983

ABOVE, RIGHT

**HILARIO CORTÉS,
EL REY DEL TALÓN**
*Hilario Cortés,
King of the Streetwalkers*
Heriberto Andrade, 1979

BELOW, LEFT

**¡QUÉ BUENA ESTÁ
MI AHIJADA!**
My Goddaughter's So Sexy!
1986

BELOW, RIGHT

EL VERGONZOSO
The Bashful One
Luis Carreño, 1988

ABOVE, LEFT

EL MIL ABUSOS
The Thousand Wrongs
1989

ABOVE, RIGHT

**TRES MEXICANOS
CALIENTES**
Three Hot Mexicans
1986

BELOW, LEFT

**41, EL HOMBRE
PERFECTO**
41, the Perfect Man
Luis Carreño, 1981

BELOW, RIGHT

**EL REY
DE LA VECINDAD**
King of the Apartment Block
Jorge Carreño, 1984

LEFT

SÓLO PARA DAMAS
Ladies Only
Luis Carreño, 1981

RIGHT, TOP

LA PACHANGA
The Wild Party
Luis Carreño, 1981

RIGHT, MIDDLE

EL REY DE LOS ALBURES
King of the Snappy Sayings
1980

RIGHT, BOTTOM

LA PULQUERÍA
The Pulque Shop
Heriberto Andrade, 1980

LEFT, TOP

LAGUNILLA, MI BARRIO
Lagunilla, My Neighborhood
Jorge Carreño, 1980

LEFT, BOTTOM

**CINCO NACOS ASALTAN
LAS VEGAS**
Five Hicks Hit Las Vegas
Luis Carreño, 1986

RIGHT

TÍVOLI
Alberto Isaac, 1974

EL MUNDO de LOS MUERTOS

SANTO-BLUE DEMON

EL ENMASCARADO
DE PLATA

y PILAR PELLICER en

EL MUNDO de
los MUERTOS

Actuación especial de MARY MONTIEL

A COLORES

CINEDRAMA DE
RAFAEL GARCIA TRAVESI
PRINTED IN MEXICO · IMPRESO EN MEXICO

★ Director: GILBERTO MARTINEZ SOLARES ★

UNA PELICULA DE
JESUS SOTOMAYOR

ABOVE

EL MUNDO DE LOS MUERTOS
The World of the Dead
Leopoldo Mendoza, 1969

SANTO CONTRA CEREBRO DEL MAL
Santo vs. "Brain of Evil"
Aguirre Tinoco, 1958

PROFANADORES DE TUMBAS
Grave Robbers
Roberto Ruiz Ocaña, 1965

**SANTO VS. LA INVASIÓN
DE LOS MARCIANOS**
Santo vs. the Martian Invasion
Leopoldo Mendoza, 1966

**MISTERIO EN
LAS BERMUDAS**
Mystery in the Bermudas
Roberto Ruiz Ocaña, 1977

LEFT, TOP
ARAÑAS INFERNALES
Infernal Spiders
Roberto Ruiz Ocaña, 1966

LEFT, BOTTOM
LAS MUJERES PANTERAS
Panther Women
Leopoldo Mendoza, 1966

RIGHT
**NEUTRÓN,
EL ENMASCARADO NEGRO**
*Neutron: The Man
in the Black Mask*
Marco Antonio Echeverría, 1960

LEFT

EL INCREÍBLE PROFESOR ZOVEK
The Incredible Professor Zovek
Leopoldo Mendoza, 1971

RIGHT, TOP

**EL PLANETA DE LAS
MUJERES INVASORAS**
Planet of the Invader Women
1965

RIGHT, BOTTOM

**LA ISLA DE
LOS DINOSAURIOS**
Island of the Dinosaurs
Leopoldo Mendoza, 1966

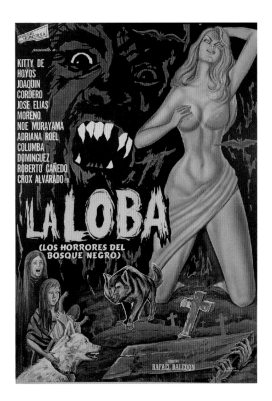

LAS VAMPIRAS
The Vampire Women
Roberto Ruiz Ocaña, 1967

ABOVE, LEFT

EL CASTILLO DE LAS MOMIAS DE GUANAJUATO
Castle of the Mummies of Guanajuato
Roberto Ruiz Ocaña, 1972

ABOVE, RIGHT

LA LOBA
The She-Wolf
Roberto Ruiz Ocaña, 1964

LEFT
LA MUERTE VIVIENTE
Living Death
1968

RIGHT, TOP
**LAS LUCHADORAS CONTRA
LA MOMIA**
Woman Wrestlers vs. the Mummy
1964

RIGHT, MIDDLE
LA LLORONA
The Crying Woman
Leopoldo Mendoza, 1959

RIGHT, BOTTOM
SATÁNICO PANDEMONIUM
Satanic Pandemonium
Leopoldo Mendoza, 1973

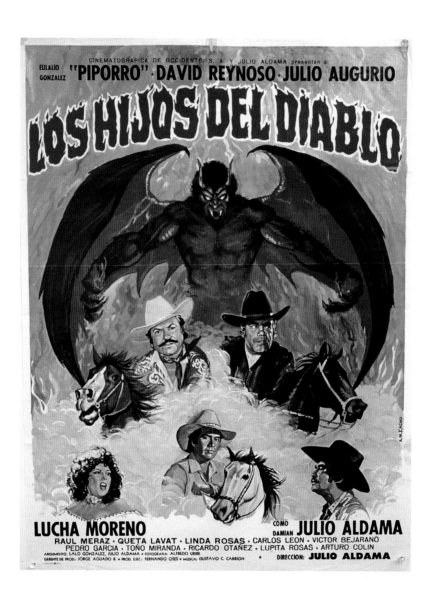

LOS HIJOS DEL DIABLO
Children of the Devil
A.M. Kacho, 1984

EL CABALLO DEL DIABLO
The Devil's Horse
1974

¡EXORCISMO!

CIMA FILMS. S. A.
presenta a:

ORGE RIVERO
ARCISO BUSQUETS
UAN MIRANDA
OLANDA OCHOA en

EL CABALLO DEL DIABLO

NDA PORTO   VICTOR ALCOCER   GLORIA MESTRE   ENRIQUETA CARRASCO   actuación especial de   MARITZA OLIVARES

INSPIRADO EN EL PERSONAJE DEL MISMO NOMBRE DE LA REVISTA SEMANA, DE EDICIONES LATINOAMERICANAS, S. A.
NUESTRO AGRADECIMIENTO AL SEÑOR JESÚS FUENTES GASCA Y AL CIRCO NORTEAMERICANO, PROPIETARIOS DEL CABALLO "SATÁN" ASÍ COMO A SU ENTRENADOR TITO GANI

EL NACO, MÁS NACO
The Hickest Hick
A.M. Kacho, 1980

EL HERMANO CAPULINA
Friar Capulina
1969

El Hermano Capulina

Reparto:

GASPAR HENAINE "CAPULINA" · ROSANGELA BALBO · ERIC DEL CASTILLO · FERRUSQUILLA
ANDRES SOLER · CHANO URUETA · VICTOR ALCOCER

Producciones Zacarías. S. A.

Director: Alfredo Zacarías - Fotógrafo: J. Ortiz Ramos - Argumento: Alfredo Zacarías
Cinedrama: Alfredo Zacarías - Música: Manuel Esperón

Estudios Churubusco - Azteca. S. A.

EN COLOR

EL BARRENDERO
The Street Sweeper
Pato (Juan Manuel Guillén), 1981

ENTREGA INMEDIATA
Special Delivery
Pato (Juan Manuel Guillén), 1963

NI CHANA NI JUANA
Neither Chana Nor Juana
Luis Carreño, 1984

NI DE AQUÍ NI DE ALLÁ
Neither From Here Nor From There
1987

LEFT
MÉXICO 2000
J.G. Granados, 1981

ABOVE, LEFT
HERMELINDA LINDA
Pretty Hermelinda
1984

ABOVE, RIGHT
CHIQUIDRÁCULA
Little Dracula
1985

EL CHANFLE
Jorge Carreño, 1978

EL GLOBERO
The Balloon Vendor
Pato (Juan Manuel Guillén),
1960

LOS REYES DEL VOLANTE
Kings Behind the Wheel
1964

CALZONZIN INSPECTOR
Inspector Calzonzin
Rius, 1973

¡PUM!
Alberto Isaac, 1979

ABOVE
LAS FUERZAS VIVAS
The Powers That Be
Rogelio Naranjo, 1975

ABOVE

CORONACIÓN
Coronation
Rafael López Castro, 1975

RIGHT

LA OTRA VIRGINIDAD
The Other Virginity
Rafael López Castro, 1974

LA OTRA VIRGINIDAD

¡Atrévete a perderla!

una película de JUAN MANUEL TORRES

VALENTIN TRUJILLO ● MERCEDES CARREÑO
LETICIA PERDIGON ● ARTURO BERISTAIN

GUION DE LUIS CARRION Y JUAN MANUEL TORRES ● Fotografía: José Ortiz Ramos ● Música: Gustavo César Carrión ● CONACINE Y STPC

LEFT

LA GUERRA SANTA
The Holy War
Rafael López Castro, 1977

RIGHT

LOS CUERVOS ESTÁN DE LUTO
The Crows Are In Mourning
1965

BELOW, LEFT

LAS CENIZAS DEL DIPUTADO
The Congressman's Ashes
Héctor Valdés, 1976

BELOW, RIGHT

TIBURONEROS
The Shark Hunters
Leopoldo Mendoza, 1962

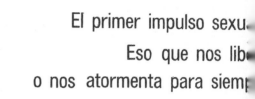

El primer impulso sexu...
Eso que nos lib...
o nos atormenta para siemp...

CONACINE y S.T.P.C.
presentan a:

rocío brambila

marissa

mildred hernández

lilia michel

gregorio casal

cecilia pezet

en

LA LUCHA CON LA PANTERA

roberto dumont · enrique novi · j. j. martínez casado · lina montes · alejandro parodi

fotografía: jorge sthal jr. ● argumento: alberto bojórquez inspirado en relatos de josé de la colina

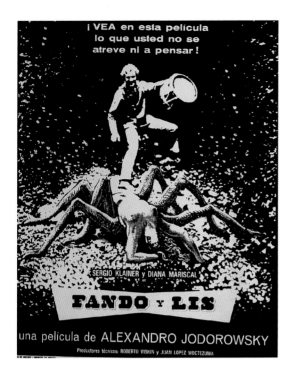

LEFT

**LA LUCHA CON
LA PANTERA**
The Battle With the Panther
1974

ABOVE, LEFT

FANDO Y LIS
Fando and Lis
1967

ABOVE, RIGHT

LA CASA DEL PELÍCANO
The House of the Pelican
Rafael Hernández, 1977

BELOW, LEFT

BANDERA ROTA
Tattered Flag
Morfus Diseño, 1978

BELOW, RIGHT

YANCO
Nicolás Rueda Jr., 1960

ABOVE

RAÍCES DE SANGRE
Roots of Blood
Rafael López Castro, 1976

RIGHT

EL MEXICANO
The Mexican
1976

Es silencioso, es violento, es **JORGE LUKE** en...

EL MEXICANO

Conacite Dos presenta a **JORGE LUKE** • **PILAR PELLICER** • **JAIME FERNANDEZ** • **GUILLERMO RIVAS**

Actuación especial de **HECTOR BONILLA** • **WOLF RUVINSKYS** • **SILVIA CAOS** y **MONICA PRADO**

Basado en un cuento de **JACK LONDON** • Cinedrama: **JULIO ALEJANDRO** • Fotografía: **AGUSTIN LARA** • Música: **NACHO MENDEZ** • Dirección: **MARIO HERNANDEZ**

Alberto Isaac Ahumada
(1924–1998)

Born in Mexico City, spent his youth in the state of Colima. As a young man, Isaac Ahumada won a spot on the Mexican swimming team and participated in the Olympic Games in London and Helsinki. Besides his career as an athlete, he also created caricatures for Mexico City's leading newspapers and was active as a ceramist, writer, and even film director. In 1984 he was appointed the first director of IMCINE, the official institution charged with promoting the works of a new generation of Mexican filmmakers.

Nació en la ciudad de México. Vivió desde muy niño en el Estado de Colima. En su juventud perteneció al equipo olímpico mexicano de natación, con el que tomó parte en las Olimpiadas de Londres y Helsinki. Además de ser un atleta, Alberto Isaac creó caricaturas para los periódicos más importantes de la ciudad de México. Sus inquietudes artísticas lo llevaron a trabajar con cerámica, a escribir y a dirigir películas. En medio de todo esto, Isaac fue nombrado como primer director de IMCINE, la institución oficial encargada de promover la obra de una nueva generación de cineastas mexicanos, en 1984.

Heriberto Andrade Urbina
(1931–)

Born in Puebla, Mexico. At age fourteen, Andrade went to Mexico City to work at the publicity firm of Antonio Vargas Ocampo. Like many young apprentices there, he began with office duties and eventually found himself behind a drawing board. A member of STIC (Sindicato de Trabajadores de la Industria Cinematográfica, the Mexican cinema labor union) for 40 years, Andrade produced posters for many film companies, including ABSA and Producciones Calderón.

Nació en Puebla, México. Emigró a la ciudad de México a los catorce años, para trabajar en la imprenta de Antonio Vargas Ocampo. Como tantos otros jóvenes aprendices, se inició como mensajero y pronto tomó el lápiz para crear materiales publicitarios. Andrade fue miembro del Sindicato de Trabajadores de la Industria Cinematográfica (STIC) por 40 años, y creó carteles para compañías productoras tales como ABSA y Producciones Calderón.

Jorge Carreño Alvarado
(1929–1987)

Born in Puebla, Mexico. Studied painting at the Academia de Arte de San Carlos in Mexico City and got his start with a modest job at the newspaper La Prensa. For 33 years, Carreño drew caricatures for the editorial pages of the daily newspaper Novedades and the weekly magazine Siempre! He received the Premio Nacional de Periodismo (National Journalism Award) in 1978, and in 2005 was posthumously honored for his magazine covers inspired by the adventures of Don Quixote.

Nació en Puebla, México. Estudió pintura en la prestigiada Academia de San Carlos, en la ciudad de México. Carreño inició su carrera en un trabajo modesto, en el periódico La Prensa. Por 33 años, creó las caricaturas para las páginas editoriales del periódico Novedades y de la publicación semanal ¡Siempre! En 1978, Carreño recibió el Premio Nacional de Periodismo y fue homenajeado en forma póstuma por sus portadas de revista inspiradas en las aventuras de Don Quijote de la Mancha, en 2005.

Luis Carreño Limón
(1958–)

Born in Mexico City, son of Jorge Carreño Alvarado. After studying drawing in France, he contributed to various Mexican publications such as Avance, Teleguía, El Universal, and Siempre! Luis Carreño was the recipient of the 1991 National Journalism Award and has been honored twice by the journalists' association Club de Periodistas de México.

Hijo de Jorge Carreño Alvarado. Nació en la ciudad de México. Estudió dibujo en Francia; a su regreso, colaboró en diversas publicaciones como Avance, Teleguía, El Universal y ¡Siempre! Luis Carreño obtuvo el Premio Nacional de Periodismo en 1991 y ha sido galardonado en dos ocasiones por el Club de Periodistas de México.

Francisco Cerezo Camacho
(1934–)

Born in Mexico City. Started at the Ars-Una film publicity agency in 1954 and later worked for Procinemex and Publicidad Cuauhtémoc. His career in movie poster design extended up to the 1990s. Cerezo also created ads and posters for restaurants, stores, and sporting events.

Nació en la ciudad de México. Comenzó a trabajar para la agencia publicitaria Ars-Una en 1954; más adelante, formó parte del personal de Procinemex y de Publicidad Cuauhtémoc. Continuó diseñando carteles cinematográficos hasta la década de los 1990s. Cerezo también creó material publicitario para restaurantes, tiendas y eventos deportivos.

Marco Antonio Echeverría
(1931–)

Born in Mexico City. Completed his studies at the Academia de Arte de San Carlos and was a pupil of the painter Jorge González Camarena. Echeverría learned the art techniques of exiled Spanish artists working at the printing company Galas de México and was later hired by Ars-Una and Procinemex to do film publicity. In the late 1980s, he became manager of Ars-Una and subsequently practiced as an independent artist.

Nació en la ciudad de México. Estudió en la Academia de Arte de San Carlos. Fue alumno del pintor Jorge González Camarena y aprendió la técnica de los artistas españoles exiliados que laboraban en la imprenta Galas de México. Posteriormente, fue contratado por las agencias Ars-Una y Procinemex para diseñar propaganda cinematográfica. Al final de la década de los 1980s, llegó a ser gerente de Ars-Una y, posteriormente, trabajó por su propia cuenta.

Juan Manuel Guillén, "El Pato"
(1928–)

Born in San Luis Potosí, Mexico. Worked for the advertising agency of José Luis Palafox, which specialized in film advertising. From 1940 to 1981, Guillén designed all the posters for movies featuring the iconic comedian Cantinflas and produced caricature art portraying other comics as well.

Nació en San Luis Potosí, México. Trabajó para la agencia publicitaria de José Luis Palafox, firma especializada en propaganda cinematográfica. Guillén diseñó todos los carteles de las películas protagonizadas por el cómico Mario Moreno Cantinflas entre 1940 y 1981. También creó caricaturas de otros comediantes.

Rafael López Castro
(1946–)

Born in Jalisco, Mexico. Studied at the Escuela Nacional de Artes Gráficas in Mexico City and later worked alongside Spanish artist Vicente Rojo at the Madero print press for artists. The creator of hundreds of book covers and publicity images for cultural events, López Castro also produced several film posters. From 1978 to 1986 he was director of the design department at the major Mexican publishing house Fondo de Cultura Económica.

Nació en Jalisco, México. Estudió en la Escuela Nacional de Artes Gráficas, en la ciudad de México. Luego, se unió al Taller de Impresión Madero, donde trabajó al lado del artista español Vicente Rojo. López Castro diseñó centenares de portadas de libros y carteles para eventos culturales, así como algunos carteles cinematográficos. Ocupó el puesto de director del departamento de diseño del Fondo de Cultura Económica, una importante casa editora mexicana, de 1978 a 1986.

Armando Martínez Cacho
(1921–)

Born in Mexico City. Attended the San Carlos Academy of Arts. His brother, Raúl Martínez Cacho, a poster artist himself, drew Armando into the advertising field at a young age. He has been a member of STIC since the 1950s. In the seventies he started signing his posters with the pseudonym A.M. Kacho.

Nació en la ciudad de México. Estudió en la Academia de Artes de San Carlos. Su hermano Raúl Martínez Cacho, también cartelista, lo introdujo en el negocio de la publicidad cuando era muy joven. Armando Martínez Cacho fue miembro del Sindicato de Trabajadores de la Industria Cinematográfica desde los 1950s. Comenzó a firmar sus carteles en los 1970s usando el pseudónimo A.M. Kacho.

Leopoldo Mendoza Andrade
(1921–1994)

Born in Mexico City. Got his start in the office at the advertising firm of Antonio Vargas Ocampo, where he learned how to draw. From the mid-1940s on, Mendoza created ad images for several film companies, including Producciones Raúl de Anda. A member of STIC, he produced more than 200 movie posters, working full time until his death.

Nació en la ciudad de México. Comenzó a trabajar como mensajero en el taller publicitario de Antonio Vargas Ocampo, donde aprendió a dibujar. Desde mediados de los 1940s, Mendoza diseñó carteles publicitarios para varias compañías productoras de películas; entre ellas, Producciones Raúl de Anda. Miembro del Sindicato de Trabajadores de la Industria Cinematográfica, fue autor de más de 200 carteles cinematográficos. Trabajó de tiempo completo hasta su fallecimiento.

Rogelio Naranjo Ureño
(1937–)

Born in Michoacán, Mexico. He attended the Escuela de Artes Plásticas at the University of Michoacán and in 1965 began publishing caricatures in several Mexico City newspapers and the political magazine *Proceso*. In 1977, Naranjo Ureño was honored with Mexico's National Journalism Award and the top prize at the International Salon of Humor in Canada. He has also illustrated numerous books.

Nació en Michoacán, México. Estudió en la Escuela de Artes de la Universidad de Michoacán. A partir de 1965, Naranjo vio sus caricaturas publicadas en varios periódicos de la ciudad de México y en la revista política *Proceso*. Recibió el Premio Nacional de Periodismo en 1977. En el mismo año, Naranjo fue galardonado con el primer premio del Salón Internacional del Humor en Canadá. Ha sido también ilustrador de varios libros.

Rius
(1934–)

Born Eduardo del Río García in Michoacán, Mexico. Self-taught as an artist, he began with caricatures for popular magazines like *Ja-já*. Later, his work appeared in many periodicals: *Novedades*, *Excélsior*, *La Jornada*, and others. The author of two famous comic volumes, *Los supermachos* and *Los agachados*, Rius has published more than 30 illustrated nonfiction books covering a wide range of topics, from politics and history to religion and vegetarianism. He was awarded the Grand Prix at the Montreal International Salon of Cartoons in 1968 and the National Journalism Award in 1987.

Nacido Eduardo del Río García, en Michoacán, México. Artista autodidacta, Rius comenzó a crear caricaturas para revistas populares como *Ja-já*. Más adelante, sus trabajos aparecieron en diversos periódicos: *Novedades*, *Excélsior*, *La Jornada*, etc. Fue autor de dos famosas historietas: *Los supermachos* y *Los agachados*. Rius ha publicado más de treinta libros ilustrados que cubren una amplia gama de tópicos, desde política e historia hasta religión y vegetarianismo. Obtuvo el Gran Prix del Salón Nacional de Historietas Ilustradas en Montreal en 1968 y el Premio Nacional de Periodismo en 1987.

Héctor Valdés González
(1936–)

Born in Mexico City. His father was the caricaturist Cascabel. Valdés González published in several publications, including *Revista de revistas*, *Sol de México*, *Esto*, *Hoy*, and *Ferronales*. His style is influenced by U.S. artists and caricaturists.

Nació en la ciudad de México. Su padre fue el caricaturista *Cascabel*. Trabajó para varias publicaciones, entre ellas *Revista de Revistas*, *El Sol de México*, *Esto*, *Hoy* y *Ferronales*. Su estilo fue influenciado por artistas y caricaturistas estadounidenses.

INDEX BY TITLE / ÍNDICE POR TÍTULO

AKNOWLEDGMENTS /
AGRADECIMIENTOS:

Televisa, S.A., IMCINE, STPC, Filmoteca UNAM, CONACINE, CONACITE II, Frontera Films, Clasa Films Mundiales, Filmadora Chapultepec, Radeant Films, Televicine, S.A., Producciones Potosí, Filmex, Cumbre Films, Películas Rodríguez, Fílmica Vergara, Uranio Films, POSA, Producciones Águila, Cima Films, Estudios Churubusco Azteca, Producciones Latinas Americanas, Cineproducciones Internacionales, Alción Films, Cinematográfica Sotomayor, Producciones Zacarías, Matouk Films, Scope Films, Cinematográfica Calderón, Producciones Mazateca, Estudios América, Producciones Rosas Priego, Películas Latinoamericanas, International Films, Producciones EGA, Cinematográfica Mexicana, Producciones Fernando Cortés, Cinematográfica Hidalgo, Producciones Vlady, Cinetelmex, César Films, Magna, Cinematográfica de Occidente, Producciones Henaine, Galáctica Films, Producciones Metropolitanas, Mier y Brooks, Producciones Tollocan, Hollywood Films, Producciones Pánicas, Lotus Films, Producciones Espada, Cinematográfica Virgo, and Producciones Fílmicas Agrasánchez.

ALSO THANKS TO /
TAMBIÉN AGRADECEMOS A:

Chale Nafus, Gabriel Retes, María Eugenia Garzón, Iván Trujillo, Marcela Fernández Violante, Guadalupe Ferrer, Susana López Aranda, Dora Moreno, Marco Antonio Echeverría, Viviana García Besné, Bruce Lee Smith, and Xóchitl Fernández.